藤井克徳

障害者をしめ出す社会は弱くもろい

全障研出版部

はじめに

本書のタイトルである「障害者をしめ出す社会は弱くもろい」は、国際障害者年（1981年）にちなんだ国連決議文の一節から思い浮かびました。わずかずつながら、障害のある人の暮らしぶりは好転の方向にありました。しかし、ここにきて流れが変わろうとしています。社会の弱さやもろさを感じさせられる事象が、国の内外で一気に顕在化しているのです。

顕在化している事象は、決して断片や偶然とは思えません。それらの主要部分には共通項をみてとることができます。象徴的なキーワードとしては、「優生思想」や「排外主義」があげられます。

昨今の「優生思想」ですぐさま想起させられるのは、2016年7月に相模原市の「津久井やまゆり園」で発生した障害者の大量殺傷事件ではないでしょうか。被疑者の優生思想に満ちた蛮行に、日本中が震え上がりました。一方で、社会にはびこる優生思想と事件との関係を合わせみるとき、日本社会全体にとてつもなく大きな宿題を課せられたようにも思います。

「排外主義」で言えば、気になるのはトランプ米国大統領の言動です。これに共鳴する欧州の決して少数とは言えない政治勢力の動きとも重なりながら、不気味な広がりをみせています。障害分野との関係は定かではありませんが、影響は必至と思われます。

優生思想も排外主義も、そこに通底するのは、基本的人権の否定もしくは軽視です。じつは、この基本的人権をめぐっても見過ごすことのできない動きがあります。それは、日本国憲法の「改正」にまつわる動きです。第９条（戦争の放棄、戦力の不保持）の論議の陰で、基本的人権を明記した第97条をそっくり削除しようという主張があります。おりからの競争主義の台頭とも相まって、背すじに冷感が走るのを禁じ得ません。

そんな中にあって、ひときわ映えるのが２０１４年に日本も批准した障害者権利条約です。私たちにとっての文字通りの〝北極星〟です。北極星は、25項目の前文と50箇条の本則から成り、いずれも胸のすくような目標値です。ただし、その実現には前提条件が求められます。それは、地道で真摯な運動を絶やしてはならないということです。

本書の内容は、２０１６年4月から２０１７年3月にかけて、「みんなのねがい」（全国障害者問題研究会刊行の月刊誌）で連載したものをベースにしています。このときの共通の主題は、「この国に生まれてよかった、この時代に生きてよかった」で、その実現の方向と方法を探ろうというものでした。これに、急浮上した厚労省による「我が事・丸ごと」政策の評価や再来が懸念される大災害に関連して「災害大国と障害のある人」の項を書き加えました。また、記憶に留めるべきターニングポイントの発言録も編纂してあります。

　大切さが増す障害者運動の拠りどころとして、個々の現場での実践の視座の研磨役として、障害当事者をはじめ、多くの関係者の手元に置いていただくことを期待します。

目次

1 なお続く〝この国に生まれた不幸〟

◆はずれた予想

「一瞬の永遠」、これはある写真家から聞いた言葉です。シャッターチャンスを生命（いのち）としている写真家ならではの表現かと思います。写真家のような繊細さや厳密さは別としても、それぞれに「一瞬の永遠」はあるのではないでしょうか。人生の折々で、忘れることのできない一枚の写真のようなシーンがあるはずです。

私にも、「一瞬の永遠」はいろいろとあります。おいおい紹介していこうと思いますが、一つだけ紹介しておきたいことがあります。それは、1977年8月の共同作業所全国連絡会（今は「きょうされん」と呼称）の結成の集いの光景です。その誕生の秘話や背景についてはあとで詳しく述べることにしますが、ここで触れておきたいのは、結成の集いの様子ではなく、その場で脳裏に浮かんだことです。

熱っぽく飛び交う参加者の発言に耳を傾けながら、「無認可作業所は一体いくつまで伸びるのだろう。今の約１００ヵ所からいずれは１０００ヵ所を超えるのでは。政府が障害の重い人の労働の課題にまともに向き合うまでにどれくらいかかるのか。10年間、それとも15年間…」などの思いが重なりました。あのときの光景と脳裏に浮かんだことは、今も艶（あで）やかに残っています。

あれから40年近くになりますが、当時の予想は見事にはずれました。無認可作業所の数は文字通りの急増を続け、ピーク時には６０００ヵ所を超えました。すべての都道府県で無認可作業所への補助金制度がつくられるなど、社会的にも認知されるようになりました。

しかし肝心の労働の課題への政府の向き合い方は、さっぱりです。労働政策からの支援は皆無のままで、現在の就労継続支援事業B型（かつての授産施設）での営みは、正確に言えば「権利としての労働」ではなく「あいまいな労働」のままです。それを反映するかのように、日本独特の「福祉的就労」という奇妙な概念が定着しています。障害のない大人であればなんなく適用されるいくつもの労働法規が、B型事業所の利用者にとっては超えることのできないハードルになっているのです。

障害のある人のなかには、家族のなかには、そして支援に携わっている人のなかには、やはり将来予想がはずれた人がたくさんいるのではないでしょうか。この30年来、障害分野での中心的なスローガンの一つとなっている「地域生活」「自立生活」の例をあげればわかりやすいと思います。

スローガン自体は多くの障害のある人のニーズに叶い、理念的にもまちがっていません。ただし、その前提はきちんとした公的な支援の裏打ちであり、そこに期待を込めての地域生活志向であったはずです。現実はどうでしょう。あまりにも低い所得状況と、頼れるのは家族だけというのが一般的で、言いかえれば本人の耐乏と家族の負担という二つの「含み資産」でどうにか成り立っているのです。

ここでも「権利としての地域生活」からはほど遠く、多くは「名ばかり地域生活」と言っていいのではないでしょうか。

◆ゆがめられてきた障害のある人への支援策

こうした実態は、障害のある人をめぐるあらゆる分野で、また子どもから大人までのすべての年代に当てはまるように思います。関連する法律や制度について、部分的または外見上はそこそこに見えるかもしれませんが、最大の問題点は障害のある人に対する国の大元の考え方です。大元の考え方のことを、本質と言ってもいいでしょう。それは必ずやそのときどきの政策に反映されます。

障害のある人に対する政策の本質は、「自助努力」「受益者負担」「自己責任」などに置き換えられながら、社会保障制度の全体的な後退と相まって１９９０年代の半ば過ぎから大きく変わり始めました。そして、２００５年に成立したあの障害者自立支援法で最高潮を迎えることになります。

その後、自立支援法は全国の71人の原告による「違憲訴訟」によって、廃止の方向が示されました。これに伴い、先にあげた政策の本質はいったん薄まることになります。しかし、昨今の多数与党の後押しもあって、元の流れに戻り、その勢いは以前より強まりつつあるのが現状です。

私たちは、障害のある人の支援は国と自治体を中心とする公的な責任ですすめられるべきと考えます。この考え方は特殊ではなく、世界の障害関連政策をリードしてきた北部、中部ヨーロッパ諸国で一貫して大切にされています。日本においても、先輩たちが第二次世界大戦後、地道に積み上げてきた考え方です。

なお、「自助」や「自己責任」について一言ふれておきます。障害のある人とその家族は、誰に言われるまでもなく毎日が自助の連続です。障害の自己責任についても同様で、障害に伴う痛み（転んだりぶつかるなどの身体的な疼痛、差別や偏見などの心理的な痛みなど）や余計な出費などは日常茶飯事です。個々人がどの程度意識しているかは別として、十二分に責任をとらされているのです。

そもそも、自発性を前提とする「自助」や「自己責任」は、他者から強要されるものではなく、ましてや政策用語になること自体がおかしなことではないでしょうか。

◆政策水準を測る四つのものさし

ここで、あらためて私たちの国の障害のある人に対する政策水準について考えてみましょう。とは言っても、分野別や障害別の詳細に分け入るのではなく、水準をとらえる観点、つまり「ものさし」について考えたいと思います。以下に掲げる「ものさし」は、20年近く前に私が考案したものです。ちょうど全盲状態にさしかかったころでした。考案などというとオーバーな話でじつはみなさんも普段から持ち合わせているにちがいありません。

「ものさし」の種類は四つです。一つ目は障害のない市民の暮らしぶりと比較すること、二つ目は日本と同じような経済水準にある国々の障害関連政策と比較すること、三つ目は国内の同じ政策分野の過去の実態と比較すること、四つ目は障害当事者のニーズと比較することです。これら四つの「ものさし」を当てれば、個々の政策の水準や有効度がよくみえてくるはずです。

なお、四つの「ものさし」の精度は並列ではなく、とくに重要なのが、最後の当事者ニーズです。他の「ものさし」を大きくしのぎ、極端に言えば四つ目の「ものさし」だけでも、それなりの測定ができるように思います。

◆環境によって障害は重くも軽くも

さて、連載のスタートにあたって、もう一つ付け加えておきたいことがあります。それは障害のとらえ方です。障害をどうとらえるかは、本連載のベースと深く関わり、できる限り読者のみなさんと認識を一致させておきたいと思います。

その答えは障害者権利条約に示されています。障害の見方は世界保健機関（WHO）などで営々と検討されてきました。そのうえに、国連レベルで一つの考え方に到達することができたのです。権利条約は、「障害のとらえ方は進化するもの」と前置きしたうえで、障害は本人に備わる機能面の障害と本人をとり巻く環境との関係で生じるとしています。

機能障害とは、精神障害、知的障害、発達障害、視覚障害、聴覚障害、運動機能障害、難病による障害などで、環境で重要になるのが人の態度、そして物理面や法制面などの社会的障壁となります。仮に機能障害が重くても、環境を改めれば障害の感じ方は軽減されるのです。

私の場合で考えてみましょう。もともとは眼球の表面にある角膜に病変があり、角膜移植をくり返しているうちに緑内障という怖い病気を併発し、網膜まで壊れてしまいました。網膜が壊れたことで、光覚を含む視覚機能のすべてが失われました。現代の医学では回復は見込めません。

他方、日々の暮らしにあっての最大の障壁は、情報の入手と移動の自由が妨げられることです。逆に考えて、情報の入手や移動の自由が一定の水準で確保されればどうでしょう。全盲の状態は変わらなくても、生活も仕事もずいぶんと楽になるはずです。

なお、国際的に定着している呼称として、機能障害の改善に重心を置く考え方を医学モデル、これに対して環境改善に重心を置く考え方を社会モデルと言っています。とくに日本においては、これまでは医学モデル偏重で推移してきました。権利条約はこれを改め、社会モデルの視点を大幅に取り入れるべきとしています。社会モデルで重要になるさまざまな障壁の大半は政策の遅れに起因すると言っていいのではないでしょうか。

ここで一つ注意すべきは、社会モデルの考え方ですべてが解決するのではないということです。たとえば全盲の人にとっての絵画や風景、ろう者にとっての音楽や自然界の音などは、説明態勢などの環境改善をいかに図ろうと、正確な理解には及ばないように思います。障害のある人にとっては、機能障害の改善も切実です。大事なことは、医学モデルと社会モデルの二つの視点をバランスよく考えることです。

◆この国に生まれた不幸

ところで、社会モデルを考えていると、つい日本の精神医学の先達者の一人である呉秀三を想い起こします。呉秀三らは、大正期に座敷牢（精神障害者などを閉じ込めるための家屋に敷設された小屋など）の実態を調査し、その結果を「わが国十何万の精神病者は、実にこの病を受けたるの不幸の外に、この国に生まれたるの不幸を重ぬるものと言うべし」と評しました。古めかしい言い方ですが、とても本質を突いています。国を最大の環境と

▲還暦を迎えた呉

呉秀三（くれ　しゅうぞう）（1865〜1932）
1890年に、東京帝国大学医科大学（現東京大学医学部）を卒業。同大学精神病学教室教授、初代松沢病院長などを歴任する。1902年に日本神経学会（現日本精神神経学会）を創設、「神経学雑誌」を創刊、同年精神病者慈善救治会（現日本精神衛生会）も設立する。

し、「この国に生まれた不幸」は余計な不幸としているのです。

機能障害の消滅や改善は、現段階では厳しいものがあります。しかし、「この国に生まれてよかった」「この時代に生きていてよかった」は人為的に解決できます。ここにこそ障害問題の真髄があり、運動や具体的な支援にあたっても最大の目的とすべきではないでしょうか。

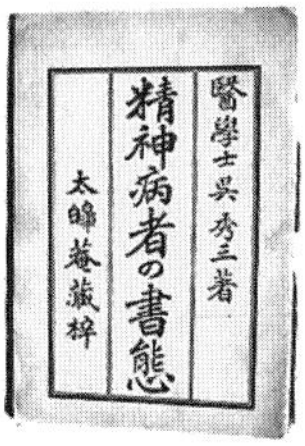

▲呉の著作『精神病者の書態』

2 戦争と障害者

◆相容れない戦争と障害者

「過去に目を閉ざす者は、現在においても盲目となる」。これはドイツの元大統領のヴァイツゼッカーによる有名な言葉です。ドイツは、この考え方をもとにユダヤ人などの大虐殺に対する戦後の総括と国家による償いを行なってきました。しかし、そのヴァイツゼッカーもほとんど目を開かなかった問題があります。それは、ナチスドイツ下での障害者の状況であり、具体的には暗号のように言われてきた「T４（ティーフォー）作戦」の問題に沈黙してきたことです。

「T４作戦」を簡単に紹介すると、第二次世界大戦中にナチスが行なった「障害者安楽死計画」を意味します。その犠牲者は、ドイツ国内で20万人以上、ヨーロッパ全体では30万人以上を数えます。

ナチスドイツ
アドルフ・ヒトラーを総統とする国家社会主義ドイツ労働者党（ナチ党）による支配下の全体主義国家で、１９３３年から１９４５年のドイツの呼称。

「Ｔ4作戦」の詳しい説明に入る前に、「戦争と障害者」について考えておきましょう。第1章で、「障害は、本人をとり巻く環境との関係で重くもなれば軽くもなる」と述べましたが、戦争ほど最悪の環境はないように思います。戦争状態に入ると、障害のある人に対する「厄介者意識」は極に達します。戦争を続けるうえで足手まといになるというのがその理由です。

＊

実際にも戦時下の日本では、障害のある人のことを「ごくつぶし」とか「非国民」とさげすみました。多くの精神病院では、「役立たずには食べ物は不要」とする軍事政権の方針にもとづき、入院患者への食糧供給が絞られ、たくさんの餓死者が出ました。戦争という環境は、障害を最も重くすると言っていいでしょう。

それればかりではありません。かつて国連は、「戦争は大量の障害者をつくり出す最大の暴力である」と断言したように、新たに障害のある人を生み出すのも戦争です。戦場での負傷による後遺症や戦争を背景とする貧困や栄養失調などの影響、ベトナム戦争以降クローズアップされてきた心的外傷後ストレス障害（ＰＴＳＤ）など、戦争を主因とする障害のある人はおびただしい数に上ります。世界中には10億人余の障害のある人が存在しますが、直接か間接かは別として、その原因の圧倒的多くが戦争とされています。

こうみていくと、障害のある人と戦争は絶対に相容れません。障害のある人は、平和な

心的外傷後ストレス障害（ＰＴＳＤ）
命の安全が脅かされるような戦争、天災、事故、犯罪、虐待などによって強い精神的衝撃を受けたことが原因で、苦痛や生活機能の障害をもたらすストレス障害。

▲学芸員のガブリエルさんの話を聞く。

社会でなければ人間らしく生きていけないのです。だからこそ、誰にも増して戦争への危うさを感じやすく、平和の尊さにこだわるのです。

◆開戦と同時に始まった「T4作戦」

ここで、「T4作戦」の詳細に入ります。一つ前もって話しておかなければならないのは、なぜドイツで起こったこの問題にこだわるのかということです。

それは、私が知る限り、近現代の戦争で最も多くの障害のある人が犠牲になったのが「T4作戦」だからです。そこに「戦争と障害者」の本質が凝縮され、時間と空間をこえて現代の私たちの社会に重なる共通のテーマを見いだせるのではと考えました。

2015年、NHKの取材班と一緒に2度にわたりドイツを訪問し、かつての大量虐殺の現場に身を置き、遺族や障害関係団体の代表、研究者などからたくさんの証言を得ることができました。これらをもとに、日本でほとんど知られていない「T4作戦」の問題に光をあてたいと思います。

「T4作戦」とは、ヒトラーの命令書にもとづいて、1939年9月1日（ドイツでの第二次世界大戦開戦日）から1941年8月下旬にかけてナチスが行なった障害のある人に焦点をあてた抹殺政策です。主な対象は精神障害者と知的障害者ですが、治る見込みのない人や遺伝性の疾患のある人も加えられました。

▲ハダマーのガス施設の車庫

「T4作戦」という呼称は、作戦本部がベルリン市内のかつての「ティア・ガルテン通り4番地」に設置されたことに由来します。その場所はヒトラーが常駐した総統本部の至近距離にあり、ナチスにとってこの作戦がいかに直轄的で重要であったかがうかがえます。

作戦本部の態勢は、約50人の精神科医を中核に総勢400人余のスタッフでした。ここが指令塔となり、ドイツ全土の精神病院や障害者施設などを権限下に置き、「安楽死計画」を遂行するための名簿の提出を求めたり、名簿にもとづいて「死の選抜」を行ないました。もう一つ権限下に置いたのが、ドイツ全域に設置した6ヵ所の専用殺戮施設です。主要スタッフは作戦本部が任命し、本部で作成したリストをもとに殺戮が実行されました。

詳しい統計資料が残っており、これによると、作戦期間中の犠牲者は7万人余に及びます。表向きは1941年8月24日に終結となりますが、それ以降は「野生化」の状態に入りました。「野生化」とは、国家のコントロール不能を意味し、現場ごとのバラバラな判断で引き続き大量虐殺が続けられることになります。大量虐殺はナチスドイツ統治下のヨーロッパの国々に広がり、最終的な犠牲者の総数は前述の通り想像を絶するものがあります。

◆消えない手指の感触

「T4作戦」の実行施設の大半は解体されましたが、当時のまま残されている施設が1ヵ所あります。場所は、ドイツ中西部のハダマーという町です。現在は、公的な支援を受

▲ガス施設の車庫内

けての記念資料館となり、誰でも見学できます。

私たちは、女性の学芸員からていねいな説明を受けました。虐殺の現場となった地下室にも特別に入れてもらえました。４時間あまりの滞在でしたが、文字通り背筋が凍る思いでした。学芸員の説明を要約すると次のようになります。

「灰色のバス３台がハダマー殺戮施設周辺エリアを担当し、障害者が連日ここに運ばれてきた／到着すると車庫には外からカギがかけられ、進む方向は一方向のみ／最初の部屋は脱衣場で、裸になったあと軍人用のマントをはおる／次の部屋は医務室で医師による形式的な診察／氏名が確認され、解剖の有効性や金歯・銀歯の有無をチェック、60種類の病名から適当に死因が特定される／このあとふたたび裸になって地下室の偽装のシャワー室へ／「シャワー室」の広さは12㎡（八畳間より狭い）で、ここに一度に40人から50人が押し込まれる／予定の人員が入ったのを確認して、医師の手でガス栓が開かれ一酸化炭素ガスが注入される／10分間ほどで絶命、このあと一部は解剖が行なわれたり金歯・銀歯が抜き取られる／最終的には全員が焼却炉へ／一日当たりの犠牲者数は１２０人／１９４１年の作戦終了後も看護師や介護士の手で虐殺は続いた」というものでした。

ハダマーで忘れられないのは、一通りの説明と見学を終えた後、頭の中がボーっとして

▲地下ガス室までの廊下

しまったことです。口も重くなってしまいました。そのうえで二点加えておきます。一つは、手指に地下室の感触が今も鮮やかに残っていることです。学芸員は、見えない私に、側壁のタイル、ガス管の止め具跡、医師がガス室を覗いた小窓、偽物のシャワーヘッド、解剖台、遺体を引きずりやすくするために加工した通路をつぎつぎと触らせてくれました。

いま一つは、当時は少年で、現在82歳になる町の人の証言です。戦時中の大人の様子を語ってくれました。なかでも強烈だったのは、「戦地から帰ってきた兵士から、この町の臭いは死体を焼く臭いと一緒と言われ大人たちは驚いていた」「町の人は灰色のバスのことをよく話していた。施設に向かうときは満員で、帰りは決まって空っぽ。大人たちは首をかしげていた」などのくだりでした。

◆ユダヤ人大虐殺への実験台

あらためて、「T４作戦」の本質に迫りたいと思います。大きく分けて三点に集約できます。

一点目は、「T４作戦」の対象である障害の重い人たちのことを「価値なき生命」と断定したことです。ここでの「価値」とは生産性を意味します。具体的には、働けない者、兵士になれない者を容赦なく殺害の対象としたのです。

二点目は、精神科医を中心に、医療関係者が積極的に加担していたことです。医師によ

▲ハダマー住民のドウフシエーラさんと

る殺害はヒトラーの命令にもとづくものとされていましたが、じつはそう単純ではありませんでした。

薬物療法など治療法が開発されるなかにあって、一方で医師たちは治らない者を邪魔と感じるようになりました。ここで考えついたのが、ヒトラーによって推進されていた「強い者は残り、弱い者は消えるべき」とする優生学思想の利用でした。医師たちは、この考え方を隠れ蓑にしました。そして、自らが「価値なき者」の殺害の先導役となったのです。

三点目は、「T４作戦」がユダヤ人などの大虐殺のリハーサルになっていたことです。これについては、今回出会った多くの歴史学者や社会学者、医師から証言を得ることができました。

これらによると、「T４作戦」とアウシュヴィッツなどの絶滅収容所との関係は、段階的かつ連続的なものとしてとらえるべきとしています。それを証明するものとして、大量殺害方法（ガスによる効率的殺害）の継承があり、「T４作戦」を経験した医師や看護師、焼却担当者の絶滅収容所への異動などをあげています。

心耳を澄ませば、同胞たちの無念のうめき声が聞こえてきそうです。合わせて「T４作戦」の問題の現代への問いかけが重なってきます。人間の価値基準を生産性に置くとする考え方は、今にそっくり通じます。

まずは悲惨な事実を忘れないことであり、それだけではなく「T４作戦」に潜む本質問

優生学
結婚制限、断種、隔離等により望ましくない遺伝因子を排除しようとする考え方。ナチス・ドイツはこれを人種政策に適用し、障害者やユダヤ人虐殺を引き起こした。

アウシュヴィッツ
ポーランド南部にナチスドイツによりつくられた強制収容所（絶滅収容所）。６００万人以上とされるユダヤ人のホロコースト（大虐殺）があった。

題にはこれからも向き合っていかなければなりません。

加えて思うことは、前ぶれに細心の注意を払うことです。どんな戦争にも必ず始まりがあり、始まりに先立って前ぶれがあるはずです。行き着くところまで行くのが戦争です。止めさせられるとしたら、前ぶれの段階でしかありません。障害がある私たちには、障害分野に携わる私たちには、〝戦争察知請負人〟といった役割があるような気がします。役割を果たそうではありませんか、犠牲となった同胞たちのためにも。

3 障害児の全員就学と地域での運動起こし

私の駆け出しの頃の現場体験をたどりたいと思います。年齢は、いずれも20代でした。はっきり言って、これらの体験がなかったとしたら、今の私はなかったと言っていいでしょう。一つひとつの体験が文字どおり血肉となり、後の人生航路の方向舵になっているように思います。

ただし、過去を懐かしむことが目的ではありません。できれば、私の体験をみなさんと共有し一般化したいのです。一般化とは、過去の事実から現代に通じる課題を見出すことで、みなさん一人ひとりの考え方や生き方に役立つものを感じ合えることかと思います。

◆最初の就職は都立小平養護学校

現場体験のトップバッターは、都立小平養護学校（肢体不自由養護学校、現在の都立小平特別支援学校）の時代です。ここで、1970年から1982年までの約12年間勤めました。初めて社会人として遇され、最初の給料を事務室で手渡されたときの喜びは感動そのものでした。うれしさと心配が入り混じり、帰る道々カバンの中の給料袋を何度も確かめたものです。

こうして筆をとっていると、どうしようもなく懐かしさがこみあげてきます。子どもたちの顔がわんさと押し寄せてきます。子どもたちの合間や後ろに、たくさんの母親や同僚たちも見え隠れします。充実感に包まれた小平養護学校時代でしたが、そんななかにあって、ひときわ重く暗い塊があります。それは、「入学選考」と呼ばれていた職員会議の光景です。

都内の養護学校では、毎年2月下旬から3月上旬にかけて「入学選考」のための臨時職員会議が開かれました。そこで次年度の入学児童を決定したのです。小平養護学校だけでも、多い年度は10人以上の不合格者を出しました。「入学選考」の結果は、学校の玄関に張り出されます。不合格となった母親たちの反応はまちまちでした。激しく教員に詰め寄る人もいれば、無言のままうつむいて帰る人もいました。私にとっては、思い出したくないシーンの一つです。

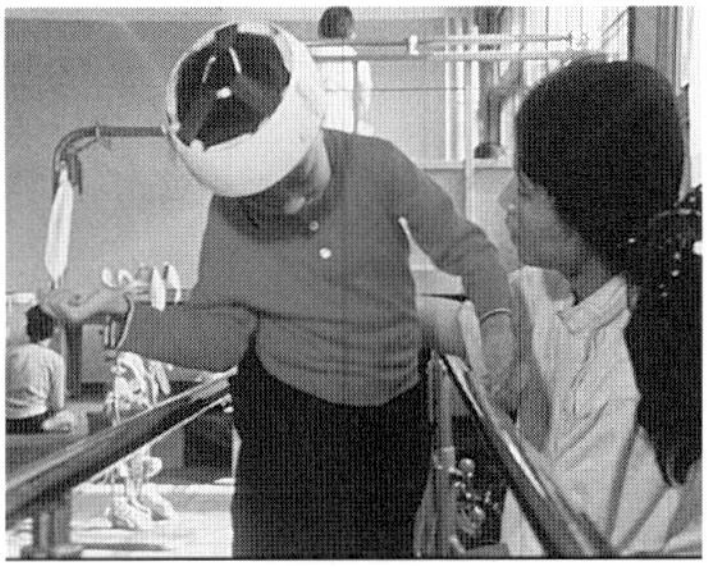

◀**小平養護学校での機能訓練**（映画『ともだち』重障児教育研究会監修、杉原せつ脚本・演出より）

◆職員会議の多数決で子どもを選考

毎年2月の下旬になると、2日間にわたって在校生を休みにして、次年度入学を希望する子どもを集めます。教職員が総がかりで「入学選考」に必要な基礎資料を収集しました。

5組の親子ごとにグループがつくられ、教室ごとに割り当てられた知能テスト、運動能力の検査、学校医の診察、スクールバスに関する聴き取り、学校長との面接のコースを巡ります。教員たちは、2日間で得た資料を手早くとりまとめました。手早くといっても、パソコンや輪転式の印刷機がない時代で、ガリ版印刷による深夜に及ぶ作業が続くのです。前述したように、「入学選考」の職員会議は2月下旬から始まり（開始時間は子どもたちの下校後）、決着がつかない場合は幾晩も続きました。当時としては珍しいビデオも用いられました。

一人ひとりの子どもをめぐって、毎年激しいやりとりがくりひろげられます。最後は決まって多数決となります。議長が、「適か否で決をとります。A子さんの入学を認める人は適に、認めない人は否に挙手を」、こんな具合で進行しました。

私にとって、多数決での決定は耐えられませんでした。思わず手を挙げて発言を求めました。70人もの先輩教職員を前にしての発言は勇気がいります。足も唇も震えました。タイミングを失してはならず、まずは挙手をするのです。考えがまとまっているわけではなく、挙手をしながら考えるような状況でした。しどろもどろのなかにも、くり返したことがあります。それは、「多数決はおかしい」「教育権は誰も侵すことができない」「私たちの学校で定員をこえる子どもを受け入れよう」の3点でした。

◆図書室も職員室もつぶして

おびただしい数の障害のある子と家族を苦しめた「入学選考」は、1974年度の東京都の「希望する子どもの全員就学」の実施をもって終止符が打たれました（国の養護学校義務制は5年後の1979年度から）。

毎年度末の職員会議での議論をくぐりながら、教職員の意識は少しずつ変わっていきました。そうした影響もあってか、私たちの小平養護学校では全員就学以前から事実上の全入が始まっていました。都の教育庁が定めた定員の2倍近い子どもを受け入れたのです。こうなると教室が足りなくなります。図書室も職員室もつぶしました。図書室の本は、廊下の壁面に作った書棚に移し、職員室の教員用の事務机はそれぞれの教室に運び入れました。図書室も職員室もプレイルームに早変わり、職員会議は食堂で開かれるようになりました。

この頃になると、都に対して、父母と教職員、そして管理職もいっしょになりながらの要請行動が連日のように続きます。教職員組合（東京都特殊学校教職員組合、現在の東京都障害児学校教職員組合）との連携も強力でした。一学級の複数担任制が実施されたり、

◀当時の在宅児の生活（映画『ともだち』より）

リフト付きスクールバスが配車されたのも、「全員就学」の実施と相前後してのことでした。

◆湧きあがってきたモヤモヤ感

職員会議の光景にもう一つ重なることがあります。それは、必死になって発言する自身のなかに、モヤモヤ感が湧きあがってきたことです。具体的には二つの不安でした。

一つは、「すべての障害児に教育権をと主張しながら、いざ障害の重い子が入学してきたときに、果たして実践の力は大丈夫だろうか」と、もう一つは、「いずれ卒業を迎えることになるが、進路の保障はどうなるのだろう。行き場のない状態は避けられるのか」でした。ずっしりとした宿題を背負わされた感じです。

二つの不安は簡単には晴れませんでした。ただ、実践への不安は思いのほか早い段階で払拭することができました。払拭などと言うと、教職員の側に力があったように聞こえるかもしれませんが、そうではありません。

はたらきかけに対する子どもたちの確かな反応に、そして母親たちの教職員を信頼してくれるまなざしに救われたのです。ベテラン組も若手も一緒になっておむつを洗い、筋緊張で口を開いてくれない子どもたちの給食はそれこそ七転八倒でした。介助員不足を補うために、教職員も交代でスクールバスに添乗しました。

▶父母教職員による全員就学を求める対都交渉
（障害者と家族の生活と権利を守る都民連絡会）

手探りのなかにも、やれるのではという雰囲気が広がっていきました。「実践の技」で言えば明らかに未熟でした。しかし「実践の心」はちがっていました。日々のとりくみの底流に熱いものが流れ始めたのです。この「実践の心」こそが、教職員集団のつなぎ役になってくれました。とにかく手狭で、教員不足も深刻でした。でも、校舎全体を覆ったあの爽快感はどこからきたのでしょう。今もはっきりとは答えられませんが、得難い体験となったことはまちがいありません。

◆一本の電話から新たな流れが加速

もう一つの不安だった高等部卒業後の進路保障についてですが、こちらは難題でした。まずは共同作業所の開設をと思い立ちましたが、同時に開設後の運営の安定にも見通しをもたなければなりません。あわせて、入学した子どもたちの放課後や長期の休業中（夏休み、冬休みなど）の過ごし方をどうするのか、さらには養護学校の最寄り駅の改善なども浮上してきました。これらに向かっていくためには、地域のなかに分厚い運動を起こすしかないのでは…。若い教職員間にこうした考えが固まっていったのです。

その矢先に、小平養護学校に一本の電話がかかってきました。1973年3月上旬でした。相手は本家慶昭さんで、養護学校と同じ地域の小平市在住です。本家さんは、上位頸髄までポリオウイルスに侵された重度の肢体障害者で、一度も学校に行っていませんでし

ポリオウイルスによる肢体不自由

ポリオウイルス感染による（急性灰白髄炎）。後遺症として手足に弛緩性のマヒが生じた状態。幼少期の発病が多いことから、脊髄性小児マヒという。日本でも戦前から何度か流行した。1950年代から60年代の大流行は社会問題となり、輸入生ワクチンによる予防接種が開始された。その後、接種の義務化によりわが国では発症が激減した。

た。電話があったその日の夜に自宅を訪問し、そのあと足しげく通うことになります。

本家さんの話は強烈でした。就学免除を強要されたこと、お姉さんが小学校の図書室から借りてきた本で漢字や文章の作り方を学んだこと、囲碁はプロ並みの腕前にあることなどの話が印象的でした。私からは、養護学校の在校生や卒業生の様子を詳しく伝えました。初対面から濃厚な交流でした。一致した考えは、できるだけ早い時期に運動の力を備えた障害者団体をつくることであり、その場合に障害の種別や年齢にこだわらないこと、分野（保育や教育、労働、医療、まちづくりなど）をこえるものにしようということでした。

最初の訪問から1ヵ月足らずで、地元の保健所や福祉事務所、救護施設、そして小平養護学校などから若手や中堅どころが集まりました。結果的には、共同作業所の開設を展望しながら、地域に障害分野についての「組織実体」づくりを先行させることになります。

物事を組織的に進めることの大切さは、頭ではわかっていました。しかし、本格的な経験はありませんでした。理念や構想を形に表し、それを継続し、人の関係を増幅させていくうえで、組織づくりがいかに重要であるかを教えられたのは、このときが最初でした。

◆今なお古くさくない会則

さて、「組織実体」の具体化についてですが、「障害者の権利を守り、生活の向上をめざす会」（略称「めざす会」）という名称で結成をみました。1973年6月23日のことです。

就学猶予・免除

学校教育法の規定。障害などを理由に市町村の教育委員会が保護者の「就学させる義務」を猶予、免除することができる。保護者が願い出ることになっている。歴史的には、重度障害児を不就学とし、教育を受ける権利を奪い、教育行政の教育保障責務の放棄を意味した。

組織や団体というのは、規模の大小に関わらず、会則が決定的な意味をもちます。短い準備期間でしたが、エネルギーの多くを会則の議論にあてました。議論は連日のように徹夜に及び、ときに朝方まで続きましたが、居眠りをする人はいませんでした。夢を重ねながらの真っすぐな議論は睡魔を遠ざけたようです。いま読み返しても古くささを覚えないのは、そのような議論と無関係ではなかったように思います。

ここで一部になりますがめざす会の会則を紹介しましょう。最も大切となる目的（第2条）には、「めざす会はつねに障害者の生活、医療、教育、労働等に関する問題を明らかにし、憲法で保障されている人間として豊かに生きる権利を守り、発展させることを目的とする。」とあり、また、事業及び活動（第4条）には、「障害者（児）家族の要求をほり起こし、これを運動に発展させてゆく。」「他の団体の活動を尊重し、お互いの会の発展のために積極的に交流を深め広く統一して要求をすすめてゆく。」とあります。

地域の障害団体の会則に盛り込まれたこうした考え方は、私の行動中枢に深く染み込んでいくことになります。そして、めざす会は、さまざまな運動や共同作業所などの事業を生み出していきました。

◀**東京都への請願**（東京都障害児学校教職員組合）

4 エネルギー不滅の法則

◆やればやった分だけ

障害の重い子どもの教育権保障を懸命に主張しながら、頭から離れなかった不安の一つが高等部卒業後の進路の保障でした。結果的には、共同作業所の開設をぼんやりと描きながらも、まずは地域にぶ厚い運動体づくりをと、「障害者の権利を守り生活の向上をめざす会」（めざす会）の結成を先行させました。私にとってのめざす会を一言で表すならば、エネルギー不滅の法則の体感でした。

ただし、エネルギー不滅の法則などという立派な言葉を知ったのはそれから20年以上も後のことです。当時の感覚としては、「やればやった分だけ返ってくるのでは」くらいだったでしょうか。格好よく言えば、誠実さと地道さを失わなければ何かにつながるのではということを実感したのです。

せっかくですので、ここで、エネルギー不滅の法則について紹介しておきましょう。エネルギー保存の法則の呼び名で覚えている人がいるかもしれませんが、同じ意味です。理系の学生から聞きかじったのが最初でしたが、なかなかの優れものです。

簡単に言えば、「いったん生まれたエネルギーは、形を変えながら残っていく」というものです。紙を燃やすとすると、一見して紙は消えてしまいますが、実は炭酸ガスに変わり、大気中の炭酸ガスは雨へとつながり、降雨によって植物の生育をもたらすというものです。変更の多い物理学の法則にあって、変わらない法則の一つにエネルギー不滅の法則があるそうです。

このエネルギー不滅の法則を、私たちの仕事や活動にあてはめるとどうでしょう。思わず膝をポンと叩きたくなります。じつにうまく言い当てているではありませんか。発揮したエネルギーは、何らかの形につながり、時に人の心に残っていくように思います。とてつもない時間を費やした後に、ひょっこりと顔をのぞかせることも珍しくありません。

◆220軒余の訪問調査

さて、話をめざす会の活動に戻しましょう。めざす会の結成直後に手がけた活動は3つでした。結成時から勢いのあっためざす会でしたが、勢いはこれら3つの活動によってさらに増すことになります。

活動の一つ目は、東京都議会議員選挙の候補者に公開質問状を出すことでした。対象は、めざす会の活動エリアだった小平市を選挙区としていたすべての候補者で、たしか4人だったと思います。公開質問状の提出活動は、めざす会の結成時期とも関係しました。結成にはじっくりと時間をかけようという意見もありましたが、公開質問状を具体化させたことで結成は一気に早まりました。結果的にはよかったと思います。各候補者とも、公開質問状はなじみがなく、ましてや普段から付き合いの希薄な障害団体ということもあって面食らったようでした。それでも誠実に対応してくれたことを記憶しています。

二つ目は、小平市内在住の障害のある人の実態調査でした。今では考えられませんが、市役所も保健所も驚くほど協力的でした。最終的には２０００人以上の障害のある人の名簿を集約し、このなかから無作為に８５０人に郵送で調査用紙を送り、返答のあった２２３人の家庭を訪問したのです。

主な調査員は都立小平養護学校の教職員と大学生でした。調査期間は、夏休みの活用ということもあり、めざす会結成直後の7月下旬から8月末としました。調査員が２人ずつペアを組み、医療、教育、労働、生活の基本的な4分野について聞き取りを行なったのです。断られたり追い返されるなど、協力を得られなかった家もありましたが、全体としては「要求の掘り起こし」が成りました。得られた資料は、その後のめざす会の活動の羅針盤となりました。

◆西武鉄道を向こうに回して

三つ目は、大手の西武鉄道を相手にしての駅舎改善の運動でした。めざす会が結成されて間もなくの頃（１９７３年９月）でしたが、西武鉄道は小平市内の花小金井駅の改造方針を打ち出しました。輸送力増強のために10両編成が停車できるようホームの延伸を行ない、これに伴い改札付近とホームとの間に跨線（こせん）橋を架けるというものでした。これまでは道路と地続きの改札口から入り、そのままなだらかな階段を用いてホームにあがることができました。車いすの人も、自力もあれば、押してもらっている人もいましたが、いずれにしても簡単に電車を利用できたのです。

結論から言えば、めざす会の交渉が功を奏し、活路を見出すことができました。跨線橋の設置に合わせて、ホームの端に車いす用のスロープと小さな踏切が設けられ、これまで通り車いすでの電車利用が可能になりました。

３ヵ月という短期間での解決となりました。その背景には、２週間ほどで集めた２５０人余の署名を携えての強力な交渉がありました。めざす会ならびに駅周辺に在住する障害のある人と西武鉄道（運輸部長）との交渉は、初回はホーム上で、それ以降は駅近くの公民館で行なわれました。めざす会側の主張は、「駅を使っていた人が使えなくなるのはおかしい」の一点でした。障害のある人にとって、「既得権」がいかにかけがえのないものであるか、あわせて署名の効力がいかに大きいか、これらを思い知らされたのです。

◀エレベーター設置運動を記した「西武鉄道・小川駅の改善をすすめる会」編集委員会編『ああ　エレベーター　障害児をもつ母親の駅舎改善運動奮戦記』（みくに書房　１９８６年）

◆日本初の市民運動によるエレベーター設置

西武鉄道・花小金井駅の駅舎改善運動の成果は、さらに大きく花開くことになります。同じ市内の、やはり西武鉄道の小川駅の改善運動に飛び火したのです。小川駅周辺には、都立小平養護学校や国の身体障害者職業訓練校、それに総合病院と病院付属の肢体不自由児施設などがありました。養護学校や職業訓練校の卒業生も多く住んでいました。このような地域の表玄関となる小川駅であり、淡い期待ながら、かねてからエレベーターの設置が望まれていたのです。

改善運動の推進にあたっては、めざす会との連携を図りながら、独自の組織体をつくることになりました。名称を、「小川駅の改善をすすめる会」とし、代表には養護学校在籍児の母親である大西光子さんが、そして事務局を小平養護学校が担うことになりました。市民運動の事務局を公立学校が担うなどはイメージしにくいかもしれませんが、職員会議でも定期的に取り上げられ、学校長を含む養護学校の総意として引き受けたのです。そこには、「子どもたちのためには何でもやろう」とする教職員集団の強い意志があったように思います。

待望のエレベーターは、7年越しの運動が実って、1982年6月に設置（4基）の運びとなりました。最大の関門だった約1億5千万円の総工費については、西武鉄道、小平市、東京都（宝くじ財源から）、ブリヂストンタイヤ（小川駅近くに大規模工場）の4者折半で落ち着きました。市民運動によるエレベーターの設置は、日本では初めてのことでした。

◆四畳半一間からのスタート

めざす会の活動は、いよいよ最大のテーマとなっていた共同作業所の設置に着手することになります。前年の実態調査の結果からも共同作業所の必要性ははっきりしていましたが、直接のきっかけは、小平養護学校の１９７３年度高等部卒業生の進路問題でした。障害の重い生徒は、卒業式を迎えても進路先が定まりませんでした。

これを受けて、めざす会のなかに大急ぎで作業所設立準備会を設けました。目標が鮮明だったこともあり、話し合いには集中力とテンポがありました。会議は毎晩のように行なわれ、準備会が発足して３ヵ月後の１９７４年６月９日には開所式にこぎ着けることができました。

いろいろと思い出されますが、印象深かったのは作業所の名称を決めるときのやりとりです。開所式を数日後にひかえたある日の準備会は、名称の件に時間をかけました。共同作業所づくりの多くがそうかと思いますが、命名の議論は最も盛り上がる場面です。

結論から言えば、地域の障害当事者から提案のあった「めざす会作業所あさやけ」で落ち着きました。議論の途中では、「朝焼けの日は雨が降り、縁起がわるい」との意見もあり

▲あさやけ作業所の仲間たち

ました。これに対しては、年配の障害当事者から「私たちの過去はどしゃぶりだった。これからは違う。雨降って地固まるのたとえもある」とあり、この意見が決定打になりました。

東京で初の共同作業所の開所式は、小平市福祉会館の大きな部屋でとり行なわれました。現場で行なうのが本来ですが、作業所はアパートの四畳半一間とあまりに狭く、まず開所式を行ない、その足で小グループに分かれての現場見学という形をとりました。

いよいよ事業開始です。開所時のメンバーは、まずは卒業式の時点で進路先のなかった5人です。四畳半に車いすのメンバー5人と、介助する人が加わったのですから文字通りのぎゅうぎゅう詰めでした。

◆できるためにはどうするか

ここで、準備会でとりくんだことをもう少し紹介しておきましょう。最初の段階で話題になったのは、作業所の開設に必要な条件でした。みんなで具体的に出し合いました。最低限確保すべき条件として、①場所、②資金（開設準備金と開設後の運営資金）、③職員、④仕事、⑤送迎、の5点があげられました。後々に発展をみる共同作業所づくりからすれば当たり前になっている5点ですが、当時はこれらをイメージすること自体が至難でした。

開設の時点でこれらのすべてがそろったわけではありません。たとえば、専任職員については資金面からどうにもならず、初年度は今でいうボランティアに託すことになります。また、恒常的な財源づくりが大きな課題となりました。思い立ったのは、その頃急騰を続けていた古新聞の回収です。これは大当たりでした。しかし、必要経費には遠く及ばず、並行してバザーやカンパなどの自主財源の仕掛けがつくられていくことになります。

明確に確かめ合ったわけではありませんが、準備会には一つの不文律がありました。それは、できない理由をあげるのではなく、できるためにはどうするかという構えで一貫していたことでした。この構えは「あさやけ」のＤＮＡとなり、精神障害分野への挑戦や無認可作業所から法定事業への移行などに際しても大きな後ろ盾になったように思います。

もう一つ重要なことがあります。発展段階に合わせた責任体制のあり方です。作業所などの経営体は、ある段階に到達すると、理念や議論だけではどうにも立ち行かなくなります。開設後3年目でこの事態に遭遇しました。小平養護学校に勤めていた中川幸夫さんに専任の責任者を担ってもらうことになります（中川さんは、現在もあさやけ作業所の施設長）。数年後には私も続くことになります。私たちのエネルギーは、小平養護学校から「あさやけ」を中心とする地域へと転化していくことになりました。

▲社会福祉法人認可をめざしてのバザー

5 地域で創り、全国とつながりながら

◆二人の青年を引き寄せたもの

「念ずれば通ず」という言い方があります。もっぱら精神論の世界や宗教界で用いられているような気がしますが、そうではありません。それだけではないことの手がかりがあります。たとえば、新聞を広げたとき「障害」や「福祉」の活字が目に飛び込んでくるのがそれです。ぼんやりとテレビやラジオを聞いていて、「障害のある人」と流れると途端に耳を傾けたくなるのも同じです。障害分野に身を置く私たちは、無意識のうちにこうしたキーワードにこだわっているのです。キーワードへの接続を念じていると言ってもいいかもしれません。

これには根拠があることが脳の研究でわかってきました。その正体は、脳の中のミラーニューロンとされ、これに刷り込まれていた関心事や願望が作用するのだそうです。

　１９７０年代の半ば過ぎ、離れ離れの二人の青年をつないでくれたのが、まさに「念ずれば通ず」でした。二人の名は、一人は名古屋の鈴木清覚さん、もう一人は東京にいた私でした。共通点といえば、全国障害者問題研究会に関わっていたことですが、深い関係にはありませんでした。二人が念じていたのは、「障害の重い人の労働分野への継続したとりくみ」「共同作業所づくり運動の全国的な展開」で、このテーマが二人を一気に引き寄せたのです。

　共同作業所全国連絡会（現在のきょうされん）の結成会への呼びかけが、１９７７年7月号の『みんなのねがい』に載っています。見出しには「大きくひろがる〝働く場〟づくり運動―共同作業所「全国連絡会」第11回大会をメドに発足―」とあり、本文には「そのほとんどは公的な保障の得られない、いわゆる無認可の状態で運営がなされており、したがってそこには共通する困難な条件がたくさんあります」と記されています。

◆駅のベンチで2時間

　２０１6年3月に、東京・清瀬市にある社会福祉法人清瀬わかば会で講演をする機会がありました。そこでびっくりすることがありました。それは、講演の後の質問コーナーでの小室さんという母親の話でした。「もう40年ほど前になりますかね。中央線か総武線で、都心のホームでしたが、ベンチで藤井さんと鈴木さんが大きな声で話をしているのを見か

▲共同作業所全国連絡会第１回全国集会

けましたよ」とありました。これはまちがいありません。そのときの光景を私も鮮明に覚えています。当時、小室さんは療護施設の職員で私のことを知っていたそうです。

共同作業所全国連絡会の結成の輪郭がはっきりしたのは、1977年3月の愛知県蒲郡（がまごおり）市でのある会合でした。この会合で、鈴木さんと私は、来る8月の全障研第11回全国大会の期間中に結成しようと腹をくくりました。

残された期間は5ヵ月弱で、急ピッチで準備がすすめられることになります。交通費などの経費面からそう会うことは難しく、また長距離電話料金が高額な時代で電話で話すこともままなりませんでした。とはいえ、結成にあたり話しておかなければならないことがたくさんありました。やりくりをして直接会うことにしました。何を隠そう、それが小室証言の飯田橋ホームベンチでの「鈴木・藤井会談」でした。結成を間近にひかえ、最終的な詰めを行なったのです。座っていた時間は2時間ほどだったと記憶しています。当時の二人の懐（ふところ）事情からして、喫茶店の費用を浮かせたかったのだと思います。

日本列島の十数ヵ所の地点で、まるで豆電球がともるような感じで共同作業所の存在が確認できました。これらの作業所に、急いで手紙を書いたり電話を入れて、結成会への参加を呼びかけました。

▲全国集会の様子

◆共同作業所全国連絡会の誕生

結成会は、１９７７年８月６日の夕刻から始まりました。全障研第11回全国大会の第１日目でした。場所は、ＪＲ名古屋駅から西方へ１・５キロほどの中村区にある旅館街の一角でした。会場となった旅館「稲本」の２階の大部屋は、開会時には90人でぎっしりとなりました。想定人数の30人を３倍も上回ったのです。大部屋の前方中央には小ぶりの座卓が置かれ、主には鈴木さんが提案、私が司会を担いました。

ここでの熱い討論をもとに、１ヵ月後の大阪・吹田市での第１回運営委員会で、当面の活動方針や会則案が起草されることになります。組織の体（てい）を成すのは、この第１回運営委員会からになります。

そして、いよいよ結成の最大の目的の一つだった全国の共同作業所関係者の交流へとつながります。「共同作業所全国連絡会第１回全国集会」と銘打ち、１９７８年６月24日から26日にかけて、東京の国立オリンピック記念青少年総合センターで開催されました。

参加者数は、予定の３００人を大幅に上回る６００人に膨れ上がりました。あわてて全体会の会場に茣蓙（ござ）を敷き直したり、分科会の部屋の確保や宿泊者の調整などで大混乱でした。でも、それは心地よい混乱でした。

「小さな巨人」の異名をとった共同作業所や小規模作業所ですが、最終的には公的補助の対象だけでも６２５０ヵ所に達します。無認可事業とはいえ、地域での障害の重い人にとっての現実的な働く場となり、大半が法定事業に移行したことを含めて、今日の障害のある人の地域生活支援事業の礎を成したと言っていいと思います。共同作業所全国連絡会は、理念面でも、運動面でも、実践面でも、それらの指南役となっていったのです。

◆地元ではいないことになっている

時系列的には前後しますが、私の若き頃の実践でもう一つあげておかなければならないのが、精神面に障害のある仲間たちとの出会いです。めざす会やあさやけ作業所の活動を押し広げていくなかで精神障害分野に遭遇するわけですが、次第に「障害問題の本質はここにあり」の感を深めることになります。その感は、肢体障害者や知的障害者のためのあさやけ作業所とは別に、精神障害者を対象とした「あさやけ第二作業所」の開設で、いよいよ確信へとつながりました。

「障害問題の本質はここにあり」を最も思い知らされるのは、作業所のメンバーの死に直面したときです。在職の12年間を通して、たくさんのつらい別れがありました。ここでは2人について話したいと思います。

一人目はMさんについてです。20代だった彼は、入院中に病院から作業所に通っていましたが、調子を崩して長期に作業所を休んでいました。そんなある日、病院近くの高層マンションから飛び降りて命を絶ちました。

みんなで悲しんでいるさなかに追い打ちをかけることが起こるのです。Mさんの母親が作業所の責任者だった私に話したのは、「地元では、だいぶ前からこの子はいないことになっている。家では葬式はできない。病院の霊安室を借りて葬式をすることにした」でした。何も言えませんでした。お坊さんと母親、そして私たち作業所の職員による小さな葬式でした。

火葬場への搬送は、装飾のある霊柩車ではなく、濃いグレーの遺体運搬車でした。病院裏口からの見送りは、ほんの数人でした。そのときの心境を記した歌が残っています。

「出棺を／見送る人の／影まばら／死してほどけじ／差別の結び」

◆社会の慣行からもあっさりと

二人目はFさんです。宿泊ホームの宿直のたびに（1990年前後）、65歳を過ぎていたFさんからよく聞かされた話があります。

「自分は特攻隊の生き残り。死ねなかったことが悔しかった。戦争が終わって気持ちのやり場がなく、日本刀で自宅の庭木を切りつけていた」というものです。

そんなFさんが、70歳を前に「あさやけ」関連のホームを離れ、救護施設に移ることになります。その後、作業所を離れた私に訃報が入りました。あとで知ったのですが、お坊さんも家族もいない、葬儀もない寂しい別れになったそうです。

　死に際しては、日本社会では二回葬が普通です。まずは通夜という葬儀を、そして翌日に本葬をとり行ないます。葬儀全体を通して死者を敬い、また二回葬にはそれなりの理由があるのです。死者と家族や親戚との別れに十分時間をかけるというのが一番の理由です。残った者の心を整えるうえで二回葬がもつ意味が大きいのです。Fさんについては、別れを惜しんでくれるはずの家族や親戚とは音信不通の状態でした。施設側の事情や慣例とも関係していたのでしょうか、通夜も本葬もありませんでした。

「終わり良ければすべて良し」のたとえがありますが、作業所のメンバーを何人も見送ってきた私にとって、良き最期はほとんどありませんでした。先ほどの二回葬もそうですが、民衆社会によって蓄積されてきた慣行からもあっさりと外されるのです。私の中には、こうした差別にとり囲まれたままの死者がたくさん生きています。

◆精神障害者対象の初の共同作業所

　ここで、あさやけ第二作業所についてもう少し述べておきましょう。開設は１９７６年10月12日で、精神障害者を対象とした共同作業所としては日本初でした。言い換えれば、非医療型の社会資源づくりの起点となったのです。

　同じ小平市には、精神医療のメッカとされている国立武蔵療養所（現在の国立精神・神経医療研究センター）が存在します。片や１００万トン級の巨大タンカーとすれば、当方

▲あさやけ第二作業所開所式

は手漕ぎの木製ボートのようなものです。1キロ圏内にこの両者が存在していたのですから、そのコントラストぶりは滑稽と言うより他ありませんでした。規模の差異は動かしようがありませんが、歴史的な役割は決してひけをとらないのではないでしょうか。

あさやけ第二作業所の特徴は、途中から多くの機能を備えたことです。1983年に木造一部重量鉄骨・総2階という形で自前の建物をもつことになります（総工費2000万円、土地は小平市より無償貸与）。手狭でしたが、地域の共同の財産として、さまざまなニーズに応えることになります。

作業所機能を中心に、今で言うショートステイ、退院直前の生活訓練、精神障害回復者クラブなどの拠点となりました。なお、共同作業所全国連絡会（きょうされん）も建築費の一部を拠出し、2階の一隅（いちぐう）に10年間にわたって全国事務局を構えることになります。

▲新たな旅立ち

6 津久井やまゆり園での殺傷事件に思う
――「特異な事件」だけでは済まされない

◆刻々と増えていった犠牲者の数

あの日の朝のニュースに誰もが自らの耳や目を疑ったに違いありません。私が第一報に触れたのは、NHKの「ラジオ深夜便」の4時台の番組のなかででした。「相模原市の障害者施設で2人が死亡し、数人の負傷者が出ている」が最初の報でした。死亡者数は刻々と変わり、6時を回ると、NHKでは「15人が死亡」、民放では「19人が心肺停止状態」としました。あわせて、事故ではなく事件とし、単独かどうかは不明としながら犯人（現段階では容疑者）の存在を明らかにしました。得体のしれない感情のなかで、ぼんやりと食卓に着きました。結果的に、19人もが命を絶たれ、27人が負傷するという大惨事となってしまいました。

事件が発生して以来、晴れないものがあります。それは、報道が一様に伝えている「特異な事件」という響きです。たしかに、殺傷の手口や犠牲者の多さ、また容疑者の事件発生前の言動などからみて、特異であり、異常であることはまちがいありません。しかし、すべてを「特異な事件」で片付けていいかどうかです。大事なことは特異な側面とそうでない側面を区別してとらえることです。特異な側面の多くは捜査機関や司直の手に委ねることになりますが、私たち障害分野としても深く考えるべきです。もう一つの、事件の遠因や温床とも考えられる特異でない側面についてですが、これについては日本社会全体として、とくに障害分野の立場から厳しく検証する必要があります。

◆心の傷は日本中に

まずは、今回の事件への障害当事者の反応や感想を紹介します。はっきりしていることは、「心の傷」が日本列島を覆っていることです。「心の傷」は、津久井やまゆり園の難を逃れた利用者や遺族、支援者などの関係者はもちろんですが、知的障害者や精神障害者を中心に日本中の障害者すべてに及んでいます。

事件後、全国からさまざまな感想が寄せられました。障害当事者の声に絞ると、以下の「三つの衝撃」に集約できます。

第一点目は、19人もの殺害を伴う現場からの凄惨な報道による衝撃です。加えて、元職

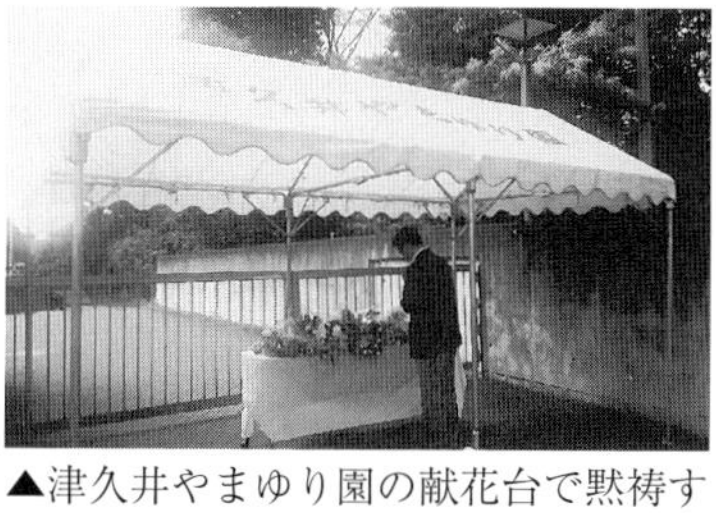

▲津久井やまゆり園の献花台で黙祷する筆者（2016年9月2日）

員とはいえ、自分たちを守ってくれるはずの職員が容疑者であったことが、衝撃を増幅させています。ある事業所からは、「普段、ニュースに関心を示さない知的障害の利用者が震えている」と伝えられました。

第二点目は、容疑者の衆議院議長あての手紙文にある「障害者は生きていても仕方がない」「安楽死させた方がいい」についての衝撃です。身体障害者や精神障害者からも強い反応が示されました。代表的なコメントとして「ナイフの刃先が自分にも向けられているように思えた」「私は殺されなかったが、私の価値にナイフが突き立てられたように感じた」などがあげられます。

第三点目は、主に精神障害の当事者に走っている衝撃です。容疑者が精神科病院への入院歴があるとの報道から、精神障害者への偏見や差別意識が増長されるのではという恐れを強めていることです。加えて、措置入院制度の見直しという名目で、病院に長く留められる政策が強化されるのではという不安も広がっています。

▶2016年8月10日に行われた外国特派員協会での会見。会見には多くのメディアがつめかけた

◆連想した「T4作戦」

事件の全容はなお不明です。これまでの報道をもとに、現段階での考え方を述べたいと思います。これに先立って、あらためて強調したいのは、事件があまりに残忍で卑劣だということです。無抵抗の多数の重度障害者を標的とし、かつ職員体制の手薄な深夜に襲い

かかりました。私たちは、容疑者の身勝手で障害者を冒涜する言動を断じて許せません。そのうえで、三つの観点で考えを述べます。

一つ目は、これが最も気になるのですが、容疑者の言動から、今回の事件が、優生思想と関係しているのではということです。今回の事件で連想させられたのは、ナチスドイツ下でくり広げられた「T４作戦」でした（第2章「戦争と障害者」を参照）。ヒトラーの命令による「T４作戦」は、「価値なき生命の抹殺作戦」とも言われるもので、ドイツ国内だけでも20万人以上の障害者が虐殺されました。犠牲者の多くは、精神障害者や知的障害者でした。

ここでの「価値」の基準は、労働能力や戦闘能力で、ようするに社会に役立つかどうかが分かれ道でした。「T４作戦」の以前には遺伝病子孫予防法に基づいて約40万人の障害者や病人が断種手術を強要され、「T４作戦」の後には、そこで培われた殺害方法や装置の継承を含めて、あのユダヤ人大虐殺へと引き継がれました。私はここ数年、ドイツに足を運び、この問題に、人権や障害分野の立場から光を当てています。

「T４作戦」に光を当てていた矢先の今回の事件です。二度とくり返してはならない「T４作戦」ですが、このような形で私たちの国で表面化したことに言いようのない驚きと戦慄を覚えます。問題は、容疑者がなぜそのような考え方に至ったのかです。容疑者の「心の闇」の徹底した解明が求められます。

断種法
ヒトラーのナチス政権誕生直後の１９３３年に成立した。本人の意志に反しての強制的な不妊手術を可能とした。対象は、統合失調症、躁うつ病、盲、聾、重度の身体障害などであった。

◆遠い「普通の感覚」

二つ目は、社会の常識、すなわち「普通の感覚」から今回の事件をどうみるかです。この「普通の感覚」という観点から、事件の舞台となった施設の実態や事件後の対処方法をみていくと、いくつも首をかしげたくなるようなことがあります。そこには障害のある人への差別が潜んでいるかもしれません。

その第一は、事件の舞台となった施設入所支援（いわゆる入所施設）についてです。障害のない青年層や壮年層が、大きな集団でかつ長期に生活するというのは一般的ではありません。事件の発生と拡大が、こうした大規模施設という特定の環境と関係があるのかどうか、慎重な検証が求められます。ここで問われるべきは、もちろん施設を利用している本人や家族ではありません。本当の安心感とはほど遠い、形だけの「施設から地域へ」政策から脱却できないでいる現行の政策こそに問題があるのです。

第二は、犠牲者の氏名を伏せていることです。日本では、事件や事故で死亡した場合、一部の例外を除いて氏名の公表は通例になっています。犠牲者の氏名や個々にまつわる情報などによって手の合わせ方も変わります。今のままでは、「グループの死」「顔のない死」となってしまい、一人ひとりに思いをはせての哀悼とはなりにくいように思います。個々の事情を考慮するとしても、全員の公表見送りはあまりに不自然です。

第三は、難を逃れた利用者の事件後の暮らしのあり方であり、職員へのケアについてで

施設から地域へ

「ノーマライゼーション」は、デンマーク社会省のバンク－ミケルセンが提唱し、スウェーデン、北米、そして国際障害者年の中心的な考え方となりました。

学生時代、ナチスドイツへの抵抗運動に参加し、強制収容所に収容された彼は、自由こそ大事と考えました。戦後、障害者・家族とともに運動する中で、障害のある人も障害のない人と同じ「生活状態」で、可能な限り通常の場で通常の生活を送るべきと主張しました。

現在の日本では、30人以上の入所施設利用者は14・6万

す。事件後1ヵ月余を経てなお90人近くが津久井やまゆり園の敷地内で生活しています（最終的には60人が2017年4月まで留まっていた）。一般的にみて、凄惨かつ多数の仲間が殺された現場と同一敷地内での長期におよぶ暮らしはあり得ません。行政の弁として「慣れた環境がいい場合もある」などとありますが、障害のある人のことを多少でも理解していれば、それがいかに詭弁であるかは明らかです。同時に、事件直後から利用者の支援や諸々の対応にあたっている職員に対するケアも非常に心配です。

◆日本社会で起こった事件

三つ目は、今の日本社会、今の障害者政策と事件との関係をどう見るかです。むろん、事件とこれらを単純に結びつけることはできません。しかし、実際に日本で起こった事件であり、舞台となった日本社会の現実に向き合わないわけにはいきません。そこには「特異な事件」だけで片付けられない側面が見え隠れします。

現代の社会を端的に言えば、格差社会や不寛容社会への急速な傾斜であり、「強い者」が重んじられる競争原理が幅を利かせています。

こうした社会の風潮とも関係しながら、ときおり耳をふさぎたくなるような発言が飛び出します。たとえば、石原慎太郎氏は都知事時代に、重度障害者施設を視察した後、「ああいう人ってのは人格あるのかね」と言い放ちました。また、記憶に新しいのは、茨城県の

人（2005年）から13・2万人（2015年）に減少。グループホーム利用者は4・2万人（2008年）から9・6万人（2015年）に増えています。

障害のある人たち一人ひとりが、自分らしい暮らし、安心で安定した暮らしを選べることこそが、障害者権利条約を批准した国がとるべき道です。

教育委員が公的な場で、「妊娠初期にもっと障害の有無がわかるようにできないのか。茨城県では減らしていける方向になったらいい」と述べたことです。優生思想とも同根のこれらの発言は、到底受け入れられません。同時に、これらを許す日本社会の土壌にもきちんと目を向けなければなりません。

市場原理をベースとする政策は、「規制緩和」「自己責任」「成果主義」などの形で障害分野にもくっきりと影を落としています。職員の低報酬もこれらと深く結びつき、社会への見返りの乏しい障害者に公費をかけても仕方がないのでは、とする考え方と無縁とは思えません。こうしたなかで、現場から聞こえてくるのは、「職員を公募しても集まらず、若い男性というだけで採用してしまう」「常勤換算方式の導入で正規職員の比率が極端に低下し、職員集団のまとまりやコミュニケーションが難しくなっている」など悲鳴にも似た声です。これらは障害者政策への警鐘であり、事件の検証に際して念頭に置くべき事象です。

◆新たな社会づくりのきっかけに

今回の事件を機に私たちの社会は何をなすべきでしょうか。ただちに行なうべきは、容疑者の言動の動機を究明することです。加えて、事件の発生と拡大に、行政上あるいは政策上の盲点が関係していないかなど、あらゆる角度からの厳正な検証が求められます。

これと並行して、あるいは必要な時間をかけて、本質的な課題に迫るべきです。その点で、事件後の政府の対応には気になるものがあります。事件直後に、「政府として措置入院制度のあり方を検討する」旨の発表がありました。そもそも容疑者を「精神障害」と見立てること自体に、専門家の間に疑問の声が広がっています。誤りを前提とした検討からは、社会防衛策の強化しかみえてきません。拙速で本質を欠いた政策は、精神障害関連政策に新たな混乱を持ち込む以外の何物でもありません。

厚労省の福祉施設の防犯策や管理体制の強化も解せません。防犯策そのものは軽視できませんが、それは本質的な改善策と一体的に提言されたときに、その意味がいきるのです。防犯策のみの強化は、地域社会との隔絶を強める新たなきっかけになりかねません。

本質的に深めるべきは二点です。一点目は、社会防衛的で特定の生活様式政策を改めることであり、余りに薄っぺらい「地域生活支援策」に決別することです。言い換えれば、「自助」や「互助」ではなく、明確な公的責任の下での地域生活支援策を拡充することです。このことを政治の表舞台で取り上げ、予算の裏付けを前提に納得のゆくゴールを当事者を中心とする国民との間で約束すべきです。

二点目は、社会のあり方です。多様性を排し、強者の論理が幅を利かせるような社会を改めることです。かつて国連は、「一部の構成員（障害者）をしめ出す社会は弱くもろい」（本書のタイトルにもなっています）と明言しました。障害者権利条約は、その第17条で「その心身がそのままの状態で尊重される権利を有する」と明記しています。これらに沿って、社会の中央値や標準値を修正すべきではないでしょうか。

19人の命は戻ってきません。しかし、私たちにはできることがあります。それは、今般のつらい事件を、すべての障害者が「この国に生まれてよかった」「この時代に生きてよかった」を実感できる新たなきっかけとすることです。

もっと生きたかった

ふじい　かつのり

明けない夜になった
あの日からずっと　なんにも聴こえない
木々のあいだからの　小鳥の「おはよう」も
新聞配達の　バイクのうなりも
厨房からの　ザワザワした音も
どこかワクワクの　朝はもう来ない

なぜあんなことに
一人の男の　ゆがんだ考えで
おだやかな暮らしが　壊されてしまった
キラキラの命が　消されてしまった
ゆがんでいたのは　男だけじゃない
社会のゆがみが　男を後押し

生きていたかった
そこにいるだけで　大きな役割
ごまかす人を　見破る名人
競争社会に　イエローカード役
やり残したことは　まだまだいっぱい
もっと生きたかった　夜明けをみるまで

7 抱きしめたい障害者権利条約

◆権利条約に文化の香り

「障害分野に関わってきて、これまでで一番うれしかったことは何ですか」と尋ねられたらどうでしょう。「一番」と付けられると一瞬ためらいますが、それでもすかさずこう答えます。「障害者権利条約の誕生です」と。それほど障害者権利条約（以下、権利条約）はかけがえのないものです。いとおしく、時に抱きしめたくなるような心境にかられます。言い方を変えると、質のいい文化に接しているような感じです。

質のいい文化とは何かということになりますが、いくつかの要件があるはずです。少なくとも、いつまでも飽きがこないこと、大半の人が深みのある感動を覚えること、そしてその価値が時間を超越することなどかと思います。要するに普遍性を備えていることです。

権利条約は、普遍性という点で申し分ありません。まずは、地球上のいずこにあっても通用します。権利条約が最も強調している「障害のある人とない人との平等性」は、途上国や新興国に加えて、工業先進国でも共通する今日的な課題ではないでしょうか。私たちの日本も同様で、権利条約のメッセージはビンビンと伝わってきます。

もう一つの普遍性は、時代を越えて色あせないことです。世界中で競争原理が闊歩する現代にあって、「このままでいいのでしょうか」と警鐘を鳴らしているのも権利条約です。金銭や効率中心になってしまった社会の仕組みや基準値を、障害のある人を含む人間中心に取り戻そうと言っているのです。また、権利条約は現代への警鐘だけではありません。平和を脅かす動きや強者の論理が絶えず頭をもたげようとしているなか、これらを察知し、抑制するうえからも有効です。未来に向けてその価値が増していくように思われます。

◆思わぬ発見があるはず

いかがでしょう。権利条約の大切さがわかってもらえたのではないでしょうか。障害当事者や家族にとってはもちろん、支援者や障害分野に携わる人にとっての必須の指南書と言っていいかと思います。法律文や翻訳からくる難解さもあり、一見してとっつきにくいのですが、少し馴染むと「わが意を得たり」の心持ちになるはずです。また、政策面での羅針盤だけではなく、支援にあたっての視座やヒントも豊富に含まれています。

以下は、権利条約を深めるうえでの関連する情報で、あまり紹介されてこなかったエピソードも織り込んであります。紙幅の都合で、個々の条文には触れることができません。

▲特別委員会の会場

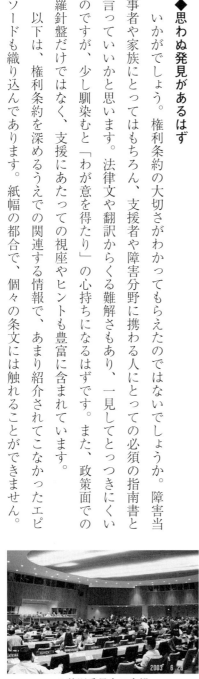

本書を読み終えたあとに、ぜひ25項目の前文と50ヵ条の本則に直に接してほしいのです。関心がある条文のつまみ食いでも結構です。くり返し読み返すうちに、またいくつかの条文を併せ読むうちに、思わぬ発見や権利条約の本質に出会えるにちがいありません。

最初に、日本政府の権利条約への初期段階での対処について簡単にふり返っておきましょう。まず紹介したいのは、メキシコのフォックス大統領が国連総会で「障害者権利条約」を提唱した時の日本政府の反応です。提唱の演説は２００１年11月9日に行なわれ、私たちに第一報が入ってきたのは、週が明けた11月12日でした。私は早速、電話で内閣府の担当参事官に問い合わせました。返ってきた答えは、「メキシコ政府のスタンドプレーですよ。あまりとり合わない方が…」というものでした。さみしい気持ちになりましたが、気をとり直して政界での障害分野の第一人者を標榜していた与野党の二人の国会議員に電話を入れました。返ってきた答えは、二人とも参事官の返答と瓜二つでした。おそらく、日本政府としての統一見解がまとめられ、議員はその請け売りだったと思います。

◆日本政府の冷ややかさ

こうした姿勢は、これに続く大事な行動を鈍らせることになります。それは、権利条約を専門に審議するための特別委員会設置の共同提案国（28ヵ国）に加わるタイミングを逃してしまったことです。歴史的な失態と言っていいのではないでしょうか。

もう一つあげておきましょう。特別委員会の最終局面で、イスラエルが「外国による占領の期間中における障害者の保護」を原案から外すよう主張した時の日本政府の対応です。議長はボタン投票での採決を選びました。審議の全体を通して投票はこの1回のみです。イスラエルへの同調は、米国に加えてオーストラリア、カナダ、日本の5ヵ国で、結果は大差で否決されました。ちなみに、日本以外は、２００３年当時米国の要請に応えてイラクに派兵した国々です。傍聴席で成り行きを眺めながら、権利条約のような審議の場面でも国際政治が影を落とすことに驚き、加えてわが日本政府の主体性のなさに恥ずかしさと情けなさを禁じえませんでした。

このように、権利条約への日本政府の姿勢は全体として消極的で、主体性のなさが浮き彫りになりました。ここで二つの問題点に気付かされます。一つは、女性差別撤廃条約や子どもの権利条約などへの対応もそうですが、相変わらずの人権条約に対する冷ややかさです。

いま一つは、障害分野に関する日本政府の本音を垣間見ることができることです。弱点の多い日本の障害関連政策にあって、政府のなかには条約が改革を求める運動にお墨付きを与えるのではという警戒心があったように思います。消極姿勢は、こうした考え方と無関係とは思えません。

▲第３回特別委員会傍聴団

◆のべ200人がニューヨークへ

こうした日本政府の後ろ向きの姿勢とは裏腹に、日本の障害関連団体の権利条約関連の動きは積極的でした。積極性のバロメータの一つに、国連への傍聴活動があげられます。合計8回の特別委員会で（1回当たりの会期は2週間または3週間）、日本からの傍聴者はのべ200人になりました。韓国と並んで最も傍聴者数の多い国となっています。

私たちは、第1回特別委員会から傍聴団を送りました（2002年7月29日から8月9日）。ニューヨークの国連本部へ出かけるわけですが、前例がないこともあって随分と苦労しました。ここで活躍したのが丸山一郎さん（当時は日本障害者リハビリテーション協会国際部長、2008年に逝去）です。国連に通えるエリアのホテルを探しましたが、あまりの高額に手が出ませんでした。機転のきく丸山さんはウィークリーマンションを狙います。これがうまくいき、のべ20人分を予約することができました。マンションタイプですから食事は自炊（費用の節約もあって）、二人一部屋、ここを根城にバスや徒歩で国連に通うことになります。

丸山さんの活躍は傍聴席でも続きます。経費の関係で第1回特別委員会では日英通訳者が配置できませんでした。最初の一週間（5日間）は、丸山さんが一人で通訳を担いました。受信機からの日本語は、体力のある午前中は流暢ですが、午後も後半になるとほとんど入ってこなくなります。宿舎のマンションに戻ってから、みんなで補いながら記録をまとめあげるという感じでした。

第2回特別委員会以降は、日英通訳者が配置され、情報保障は格段に改善されました。また2004年の日本障害フォーラム（JDF）の発足に伴い、2005年以降はJDFとしての派遣団となり、JDFと日本政府によるサイドイベント（国連本部内でのシンポジウムなどの企画）も何度か開催されました。なお、障害関連団体の申し入れにより、第2回から最終回までの特別委員会の日本政府代表団顧問に、民間を代表して東俊裕さん（弁護士／車いす使用）を送ることができました。特筆すべきことと言えるでしょう。

◆食い止めた「批准」

2009年3月の上旬、権利条約に関わって重大な出来事が起こりました。名付けて「権利条約3・5事件」です。「3・5事件」の概要を簡単に紹介しましょう。

「事件」を匂わす情報が私たちに入ったのは2009年3月3日でした。その前日に、当時与党の自民党外交部会で、「権利条約の批准を承認する件」が了承されていたのです。私たちには寝耳に水でした。事実関係を確かめると、まちがいないことがわかりました。情報を探ると、自民党外交部会を通過した権利条約の批准案件は、その週の3月6日の定例閣議に掲げられるというものでした。一般的に閣議にあげられた案件が否決されることはなく、閣議を通過した批准案はそのまま国会に提出され、成立につながります。国会成

▲高村外務大臣（当時）が国連本部内で署名（2007年9月28日）

立後に残るのは事務手続きのみで、要するに、閣議了承イコール批准と言ってもいいのです。

日本障害フォーラム（ＪＤＦ）の関係者は青ざめました。私たちが期待していたのは、障害分野に関わるたくさんの法律や制度の創設や改正を引き連れての批准でした。形だけの批准は何としても避けたかったのです。

３月３日から５日にかけて、ＪＤＦと外務省および与党との間で激しいやりとりがくり広げられます。私たちは必死でした。主管の外務省の姿勢は頑強です。４日の夜には外務省幹部から私に「個人的に会いたい」旨の連絡が入りました。はっきりと断りました。一方、この頃になってようやく与党議員の間から心ある動きが出始めました。ＪＤＦの一貫した姿勢と合わせて、国会サイドからの政府へのプレッシャーも加わり、３月５日の夜の時点で、翌日の閣議の議題から、「権利条約の批准案件」が取り下げられることになるのです。

▶２００６年12月15日、条約採択に伴うＪＤＦと障害者の権利条約推進議員連盟の合同記者会見

◆試される奏で方

もし、あの時点で閣議了承が成されていたらと思うと、背筋が冷たくなります。障がい者制度改革推進会議が立ち上がっていたかは疑問です。立ち上がっていたとしても、あのような野心的で能動的な審議体とはほど遠かったのではないでしょうか。障害者基本法の

抜本改正も、障害者差別解消法の制定も、そして障害者福祉の近未来を描いた「骨格提言」も、実現していなかったか、もしくはあそこまでの水準に至らなかったように思います。

じつは、ＪＤＦは、３月５日の夕刻の時点で、閣議了承が成った場合を想定して、翌日発表する声明文を起草していました。その一部を紹介すると、「批准する前に行われる、条約に照らしての国内法整備と政策の点検が終了していない段階で、私たち障害当事者・関係団体と緊密な話し合いなしに批准へと向かうこのたびの経緯について、大きな失望と怒りを覚えます。条約交渉の過程でくり返された『私たち抜きに、私たちのことを決めてはならない（Nothing about us without us）』の精神にも反するもので」とあります。幸いにして、幻の声明文に終わることになりました。

「３・５事件」、それは日本の障害分野にとっての「その時歴史は動いた」に匹敵するのではないでしょうか。その後、制度改革が大車輪で展開され、課題を残しながらも、批准のための最低限の要件を確保し、２０１４年1月20日の批准を迎えます。

権利条約をじっとみていると、楽譜が重なってきます。共通言語という点で、権利条約は楽譜とよく似ています。楽譜の値打ちは世界共通ですが、音楽的な値打ちは奏で方によってまちまちです。権利条約も同様で、いかに奏でるかは、国や自治体の責任が大きいのです。同時に、私たち当事者や支援者もまた奏でる機会は多くあるはずです。国や自治体の奏で方のチェックに加えて、自らの演奏力も試されるのではないでしょうか。

▲締約国会議のサイドイベント

障害者の権利に関する条約（日本政府公定訳）

2014年1月20日公布

前文
第１条　目的
第２条　定義
第３条　一般原則
第４条　一般的義務
第５条　平等及び無差別
第６条　障害のある女子
第７条　障害のある児童
第８条　意識の向上
第９条　施設及びサービス等の利用の容易さ
第10条　生命に対する権利
第11条　危険な状況及び人道上の緊急事態
第12条　法律の前にひとしく認められる権利
第13条　司法手続の利用の機会
第14条　身体の自由及び安全
第15条　拷問又は残虐な、非人道的な若しくは品位を傷つける取扱い若しくは刑罰からの自由
第16条　搾取、暴力及び虐待からの自由
第17条　個人をそのままの状態で保護すること
第18条　移動の自由及び国籍についての権利
第19条　自立した生活及び地域社会への包容
第20条　個人の移動を容易にすること
第21条　表現及び意見の自由並びに情報の利用の機会
第22条　プライバシーの尊重
第23条　家庭及び家族の尊重
第24条　教育
第25条　健康
第26条　ハビリテーション（適応のための技能の習得）及びリハビリテーション
第27条　労働及び雇用
第28条　相当な生活水準及び社会的な保障
第29条　政治的及び公的活動への参加
第30条　文化的な生活、レクリエーション、余暇及びスポーツへの参加
第31条　統計及び資料の収集
第32条　国際協力
第33条　国内における実施及び監視
第34条　障害者の権利に関する委員会
第35条　締約国による報告
第36条～50条（略）

恥をかかせないで　　ふじい　かつのり

2006年12月13日、それはわたしの誕生日。
生まれたところは、ニューヨークの国連議場だった。
ようやくあこがれの日本にたどりついた。
思わずガッツポーズをつくってしまった。

わたしをどのように迎えいれてくれるのか、楽しみだ。
日本の憲法は、条約を守るとうたっている。
一般の法律の上座に座れるらしい。
すごい力持ちになれそうだ。

正直いうと上座なんかどうでもいい。いばりたくもない。
とにかく思いっきり働かせてほしい。
そうすれば変わるにちがいない。
障害のある人のくらしぶりが、社会の土台が、人の心だって。

わたしは夢をみるのが大好き。
ガラガラと障壁がくずれていく。
空気がぬけるように差別がちぢんでいく。
まち全体が笑いはじめる。そしてゆったりとしてくる。

夢からさめたとたんに不安がにじりよってきた。
日本には条約を軽くみる風潮が根強い。
守られていない人権条約は今もいっぱい。
いっぱいのなかの１つになってしまうのか。

わたしは負けない。
たくさんの、「がんばって！」のつぶやきがきこえるから。
わたし自身が自信を失いたくないから。
日本のみなさん、わたしに恥をかかせないで。

障害者権利条約に恥をかかせないで。

8 天国の先輩からも大きな拍手

◆珍しい存在だった

「日本の障害分野で世界に向けて胸を張れるものがありますか」と尋ねられたらどうでしょう。思わず頭を抱え込んでしまいます。そんななかにあって、鈍色の輝きを放っているものがあります。それは、日本障害フォーラムの存在です。ＪＤＦという響きの方が馴染みがあるかも知れませんが、これは日本障害フォーラムの略称であり、通称です。

ＪＤＦを正確にとらえることは、日本の障害団体の今を知ることにつながります。どんなふうにして誕生したのか、ＪＤＦならではの成果などについても紹介しましょう。そこでの活動や考え方、手法は、これからの地域での運動にも役立つはずです。

まず紹介したいのは、珍しい存在だということです。二つの点で明確です。一つ目は、国際的にみて稀な存在です。欧米でも、私たちのアジア太平洋エリアの国々でも、いずれも障害に関連した団体はいくつもあります。意外と思われるかも知れませんが、障害種別や分野別（教育や労働、まちづくりなど）に分かれたままで、主要団体による実質的で恒常的な連携組織は見当たりません。

二つ目は、国内でも稀だということです。平和（非核・反核）や、労働組合、環境保全、消費者など分野別にさまざまな市民団体があります。こちらもそれぞれの分野の中で分かれたままで、立場や考え方のちがいなどで、正式な「一つの土俵」は持ち得ていません。

全国規模で、障害種別を越えて大同団結することは、先輩たちの積年の夢でした。かつては障害種別間でいがみ合い、反目することさえ珍しくありませんでした。ＪＤＦの誕生に、天国の先輩たちも拍手を送ってくれているにちがいありません。

◆ゆるやかな組織体として２００４年10月に設立

ＪＤＦの設立は、２００４年10月31日でした。新霞が関ビルの全社協ホールが会場になりました。準備に費やした期間は１年半余で、組織の基本性格や具体的な活動内容、財政や役員体制などについて、議論に議論を重ねました。議論の結果は、定款（基本規則）や初期段階の役員や事務局体制に反映されていきました。

設立段階で集った団体は11団体でした（うち２団体はオブザーバー、具体的な団体名は72ページを参照）。いくつかは名称が変更になっていますが、実質的には変わっていません。気づかれたかと思いますが、基本的には日本国内の主な障害当事者団体ということに

▲2004年10月31日に開催されたJDF設立記念セミナー

なります。色合いが異なるのは、全国社会福祉協議会と日本障害者リハビリテーション協会ですが、全社協はさまざまな障害関連団体の事務局を担い、リハ協は障害分野の国際的な窓口になっていることから、一緒にフォーラムをつくっていくことになりました。

準備段階で議論になった事柄を、二点紹介しましょう。とても重要なことでした。一点目は、団体の性格についてで、ナショナルセンターの意味をもたせるかどうかでした。障害分野でのナショナルセンターとなると、日本の障害分野を代表し、結束力の強い組織体を意味します。議論の結果、将来は別として、ナショナルセンターのイメージではなく、構成団体のそれぞれの理念や活動を尊重することを前提とした「緩やかな組織体」とすることで落ち着きました。二点目は、財政基盤の確立です。自主性や独立性を実質化させるために、行政の補助金をあてにしたり、企業などからの寄付金依存はやめようということにしました。かなりのハードルでしたが、1団体の年間会費を50万円と定めました。現在は13団体（うち2団体はオブザーバー）で、会費の年額は変わっていません。

◆2つのキャラバン企画で信頼関係が

設立までの準備期間を一年半余と述べましたが、これは下ごしらえができた以降のいわば総仕上げの期間という意味です。ここにこぎ着けるまでに、いくつもの大きな曲折がありました。大同団結の最初の試みは、国際障害者年（1981年）をきっかけとして結成

■JDF構成団体

２０１７年1月現在

社会福祉法人日本身体障害者団体連合会、社会福祉法人日本盲人会連合、財団法人全日本ろうあ連盟（一般財団法人全日本ろうあ連盟）、日本障害者協議会（特定非営利活動法人日本障害者協議会）、特定非営利活動法人ＤＰＩ日本会議、社会福祉法人全日本手をつなぐ育成会（全日本手をつなぐ育成会連合会）、財団法人全国精神障害者家族会連合会（公益社団法人全国精神保健福祉会連合会）、社会福祉法人全国社会福祉協議会、財団法人日本障害者リハビリテーション協会（公益財団法人日本障害者リハビリテーション協会）、※社団法人全国脊髄損傷者連合会（公益社団法人全国脊髄損傷者連合会）、※社団法人全日本難聴者・中途失聴者団体連合会（一般社団法人全日本難聴者・中途失聴者団体連合会）、全国「精神病」者集団［オブザ

された国際障害者年日本推進協議会（現在のＮＰＯ法人日本障害者協議会、ＪＤ）の誕生時に遡ります。厚生省の元事務次官（太宰邦博さん）を代表に迎え、国際障害者年を追い風に、悲願の成就かと思った矢先に状況が一転しました。準備会から席を立つ団体が出てしまいました。結局、国際障害者年日本推進協議会の結成をもって、大同団結の第一段階としたのです。

関係者のショックは甚大でした。でもあきらめませんでした。次なるターゲットを「国連・障害者の十年」（１９８３年～１９９２年）の最終年に置きました。今度はいきなりカッチリとした組織体づくりというのではなく、関係者間の信頼感の増幅を第一目標としました。具体的には、最終年の記念事業として列島縦断キャラバンと市町村網の目キャラバンを企画し、これを最大限に活かしたのです。この企画を成功させるために、中央とすべての都道府県に実行委員会を設けました。ここに障害当事者団体、家族団体、事業所団体、全社協や都道府県社協などが集いました。初顔合わせの団体もたくさんありました。

列島縦断キャラバンでは、石垣市（沖縄）と稚内市（北海道）から2台のメインカーを同時にスタートさせ、各団体の代表者が代わる代わる乗車し、２ヵ月かけてすべての都道府県と知事を訪問しました。並行して、都道府県ごとの実行委員会が主体となって、市町村網の目キャラバンを展開しました。訪問した市役所や町村役場は３０００自治体（約93％）に上りました。訪問先には、総理大臣と国連事務総長のメッセージを、そして都道府

ーバー」、社会福祉法人全国盲ろう者協会
（　）内は現在の名称
※印はＪＤＦの設立後に入会した団体

▲国連・障害者権利条約特別委員会ドン・マッケイ議長

県実行委員会が作成した要望書を届けました。

◆実感したまとまることの大切さ

最終年企画は成功裏のうちに幕を閉じ、関係者はみんなで讃（たた）えあいました。とくに、都道府県の実行委員会に精神障害関連団体や一部とはいえ難病関係者がつながったことは大きな収穫でした。

このような最終年企画の成功にも、新たな連携体づくりについては関係者の間でなお慎重でした。「国連・障害者の十年」の後継行動年限となった「アジア太平洋障害者の十年」（１９９３年～２００２年）において、信頼感をさらに醸成しようということになりました。チーム日本として、アジア諸国に出向くことになりますが、リーダーで構成する訪問団の結束はいやでも強まることになります。そして、アジア太平洋障害者の十年のゴール時点を新たな連携体創設の頃合いとみたのです。

ＪＤＦの設立にあたり、もう一つ欠かせないのが障害者権利条約の存在です。条約の制定に向けて、国連では２００２年７月から特別委員会が開催されることになります。この特別委員会に、日本から障害関係団体が連携して傍聴団を送ることになりました。そこまではよかったのですが、いざ傍聴活動やロビー活動に入っていくと、国連や国際ＮＧＯから「日本の代表者は誰ですか」と問われることがあります。そんな時は、顔を見合わせるしかありませんでした（各国では代表者が予め決められていたようです）。

また、条約の水準を引き上げるために、障害関連団体が意見を言おうにも、個々の政府を通じてしか反映できません。日本政府に対して、障害関連団体がまとまって行動するのとそうでないのとでは効力は大きく変わってしまいます。

日本の障害分野のＮＧＯは、国連においても、また日本政府に対してもまとまっての対応が求められ、このこともＪＤＦの設立を加速させたように思います。

◆ＪＤＦならではの成果が

まだまだ途上の段階にあるＪＤＦですが、一方で、ＪＤＦが存在していたからこそ成し得た成果がすでにいくつもあります。主なものを掲げてみましょう。

その第一は、２００９年３月上旬に権利条約の批准承認案を閣議の議題から下ろさせたことです。当時の顚末については第７章を参照してください。もしＪＤＦが存在せず、すんなりと承認案が閣議で決定していたとしたら、その後の日本の障害関連政策はどうなっていたでしょう。おそらく、障害者基本法も障害者差別解消法も今の形にはなっていなかったように思います。思い出すたびに背筋が寒くなります。

第二は、障がい者制度改革推進会議の誕生とその後の運営に貢献したことです。あまりに情けない日本の政策決定システムですが、まるで泥沼に咲く一輪の花のように、障がい者制度改革推進会議は異彩を放ちました。政権側とも調整して、推進会議の構成員に、ＪＤＦに関わっている障害当事者団体のすべてから代表者を送ることにしたのです。こうした方式は、当事者本位という観点からも、障害種別を網羅するという観点からも、非常に有効でした。

第三は、大震災にあたり、障害分野の立場から組織的な支援体制を組むことができたことです。とくに、東日本大震災ではのべ1万人以上の支援者を被災地に送り、岩手、宮城、福島のそれぞれに現地関係者と一体となって地域支援センターを立ち上げました。障害者の死亡率が、全住民の死亡率の2倍であることが社会化したのも、ＪＤＦからの発信が大きかったように思います。こうした経験は、２０１６年4月に発生した熊本地震においても引き継がれています。

◆心がけてきたこと

以上、ＪＤＦを大きくとらえてきました。当初はガラス細工のような感じでしたが、今や日本の障害分野に欠いてはならない存在になっています。当座は、批准後の権利条約関連のフォローアップ活動に重点を置くことになります。並行して、ＪＤＦの地方版や地域版づくりも大切になります。

ここで、ＪＤＦの運営に関して一言述べておきます。それぞれの流儀を携えての寄り合い所帯で、当初の運営はスムーズでありませんでした。そんななかで、設立時から幹事会議長を預かってきた私が心がけてきたことがあります。これらは地域の運動や団体活動にも参考になると思います。

一つ目は、私自身の考え方と遠いと思われる個人や団体に近づく努力をすることです。また、日常的に馴染みの薄い団体と意識的に付き合うことも大切です。先方がどう感じるかは別として、当方から距離を縮めることは、関係のあり方や「つながり」に新たな流れをつくってくれることがあります。

二つ目は、多様な構成団体にあって、とりあえずは最も困難な課題を抱えている団体に照準を合わせて活動や運営を進めることです。小さな団体を大事にするという視点とも相通じます。必ずや障害分野全体の底上げにつながるはずです。

三つ目は、とにかく関係者が直接顔を合わせることです。ＪＤＦは、設立来、12年間にわたって毎月の定例会（幹事会）を一度も欠かしたことがありません。定期的に顔を合わせていれば、大抵の課題は何とかなるものです。

私の場合は、きょうされんが加盟するＪＤを通じてＪＤＦにつながっています（全障研や障全協も同じくＪＤ加盟）。ＪＤＦの安定と存在感は、さまざまな団体の後押しにかかっています。読者のみなさんにも、いろいろな方法でＪＤＦを支援してほしいと思います。

◀ＪＤＦ「被災地障がい者支援センターふくしま」が南相馬市から依頼受け、市内の障害者の実態調査を実施。２０１１年８月、報告書を桜井勝延南相馬市長に提出

9 運動は他者を変え、そして自分をも

◆活気の根っこは運動

運動は、すべての事業や支援活動の根っこに当たると言っていいと思います。どんな植物も、根っこがしっかりしていなければ、茎も花もうまく育ちません。障害のある人を支える活動も同じです。運動を根底に据えた教育や社会福祉の現場は明らかに雰囲気がちがいます。ひと言で言えば活気があり、本物の明るさと言っていいかもしれません。

先日、自分の子が卒業した養護学校を久しぶりに訪れたというお母さんがこう言っていました。「知っている先生は誰もいませんでした。雰囲気がすっかり変わっていました。よく言えば落ち着き感ですが、私には元気がなくなっているように感じました」と。校舎のきれいさは昔と比べて雲泥の差です。設備や備品、教材のデザインや種類も進化しています。教職員の数や専門性も少しずつ改められてきました。しかし、こうした物的・人的な条件は、手段にすぎません。肝心なことは、こうした手段を活かしながら質の良い教育実

践を追求することであり、元気な学校を創っていくことです。学校にあって、「元気がない」と言われるのは致命的な弱点と言っていいのではないでしょうか。

もちろん、特別支援学校のすべてが元気をなくしているわけではありません。また、同じ学校にあっても学年や教室によって活気や明るさに特徴があることも事実です。ただし、全体的な傾向としては、先のお母さんの感じ方はそれほど的外れではないように思います。私も時おり特別支援学校を訪れますが、自身がかつて勤務していた頃の養護学校とは趣を異にすることを強く感じます。特別支援学校だけではなく、就学前の障害児通所支援（児童発達支援や放課後等デイサービス）でも同じことが言えるのです。私の関係分野である作業所（就労継続B型や生活介護）なども気になるところがあります。

◆以前と比べて足りないものが

たとえば、特別支援学校で言えば、以前と今とを比べてどうでしょう。新たな課題や未解決の課題があることはたしかです。しかし、今も述べたように、大きく見れば教育環境と言われる人的・物的条件は徐々に発展しています。そんななかにあって、すっかり影を潜めているものがあります。それは、教職員組合の存在感です。

教職員組合は、法律で守られている労働組合の一つです。障害児教育に携わる教職員組合の役割ですが、２階建ての建物をイメージしてもらえればと思います。１階部分は、労働組合全体の共通部分に当たります。具体的には、働く者の権利や生活の向上をめざし、賃金や健康面を中心に労働条件を改善するための運動となります。2階部分は、自分たちの労働対象の発展に貢献するための活動です。障害児教育の組合であれば、障害のある子ども一人ひとりの権利をどう守るか、障害児教育制度をどう改革するか、これらも教職員組合運動の主柱になるのです。

かつて東京都は、国に5年先駆けて、事実上の義務教育となる「障害児の全員就学」を実施しました（1974年度より）。その陰にあって、東京都特殊学校教職員組合（現在の東京都障害児学校教職員組合）が果たした役割は絶大でした。障害の重い子どもを受け入れた障害児学校では、職員会議の議論をリードするのも、自主的な研究会やサークルを呼びかけるのも組合の教職員でした。組合のストライキに際しては、「子どもたちの安全や教育権を保障しよう」と、組合の責任でスクールバスの添乗員や学校到着後の「保安要員」を確保し、子どもたちの教育権や父母の要求と教職員の労働条件の改善を一体化させていったのです。こうした実践をレポートにしたためて地域や全国レベルの教育研修会に持ち込み、教職員同士で、分会（学校ごとの組合単位）同士で切磋琢磨しました。

◆運動がなければただの箱づくり

教職員の組合運動以外にも、運動と具体的な支援、運動と事業がいかに関係が深いかは、

▲1987年の教育研究全国集会の様子

いろいろとあります。共同作業所に関連した運動は最もわかりやすいと思います。作業所づくりから運動を差し引いたらどうでしょう。単なる箱づくりでしかありません。

そこで、つぎに作業所づくりと地域運動の関係に焦点を当てたいと思います。地域運動がもたらしてくれるものを、四点で述べます。一点目は、作業所づくりのための現実的な条件が得られることです。開設資金の確保をはじめ、公有地や私有地の提供につながることも珍しくありません。「無から有」「ゼロから1」を生み出す作業所づくりにあって、物件の確保は決定的な意味をもちます。理念や構想がどんなにすばらしくても、座したままで資金や建物が近づいてくることはあり得ません。当たり前に聞こえるかもしれませんが、運動の基本は、「説得力を備えた他者への働きかけ」に他なりません。

二点目は、支援観や運営観が育まれることです。運動が絶えず問われるのが、「誰のため」です。作業所づくり運動の主人公が障害のある人であることは言うまでもありません。じつは、この段階での「誰のための運動」を深めることが、開設後の支援や事業運営の基本視点を培うことにつながるのです。

三点目は、地域の人びとの意識を動かすことです。作業所づくりのための地域運動は、障害のある人を受け入れてくれる地域の耕しをも兼ねます。甘くはありませんが、ていねいな働きかけを通じて化学反応のような変化をもたらしているところもあります。

四点目は、関係者の間に結束力が増すことです。当方のまとまりなしに地域運動は成り立ちません。このまとまりが、開設後の計り知れない含み資産となっていくのです。

ここでは、共同作業所の開設と地域運動の関係を述べてきましたが、地域運動は開設後もますます大切となります。他の障害関連事業においても同様です。

◆障害者運動史の金字塔

以上、教職員組合運動と地域運動に焦点を当ててきましたが、もう一つ紹介したい運動があります。それは、記憶に新しいかと思いますが、障害者自立支援法をめぐる運動です。大きなうねりとなった自立支援法の反対運動は、行政府や立法府への撤廃運動だけではなく、司法府に対しても判断を求めたのです。「生きるための支援に定率負担を課すのは憲法違反では」と訴え、障害分野では初の集団訴訟となりました。

結果的に、裁判所の仲介のもとで、国と原告（71人）・弁護団との間での和解となりました。すっかり有名になった「基本合意文書」（１３８ページ参照）が和解の証です。和解と言うと、引き分けや痛み分けといった印象を受けるかもしれませんが、今回の違憲訴訟にあっては「勝利的和解」と言うのが法曹界の評価です。少し長い引用になりますが、基本合意文書の真髄部分を読者のみなさんと一緒になぞりたいと思います。

「国（厚生労働省）は、障害者自立支援法を、立法過程において十分な実態調査の実施や、障害者の意見を十分に踏まえることなく、拙速に制度を施行するとともに、応益負担

▲2010年1月7日、違憲訴訟団と国が基本合意文書を交わした

（定率負担）の導入等を行ったことにより、障害者、家族、関係者に対する多大な混乱と生活への悪影響を招き、障害者の人間としての尊厳を深く傷つけたことに対し、原告らをはじめとする障害者及びその家族に心から反省の意を表明するとともに、この反省を踏まえ、今後の施策の立案・実施に当たる」（基本合意文書　第2項―2から）

いかがでしょう。原告にとっては、胸のすくような文章だと思います。日本の障害者運動史、社会福祉政策史にとっての金字塔と言っていいのではないでしょうか。

◆運動に科学を

多くの障害当事者や家族、支援者は、自立支援法の輪郭が見え始めたころから、また施行された後も一貫して問題点を主張してきました。私たちの国では、評判の悪い法律であっても、いったん施行に移されると、潮が引くように運動が静まるのが一般的です。しかし、自立支援法は異なっていました。その中核を成した、障害の自己責任論に直結する「応益負担制度」にがまんがならなかったのです。反対運動は、施行後の方が盛り上がりを見せました。

違憲訴訟の運動から生まれてきたフレーズがいくつかあります。それは、「あきらめない、ぶれない、こびない」であり、「運動は裏切らない」もその一つでした。

とくに、強調したいのは、「あきらめない」の大切さです。「あきらめない」と言うと、

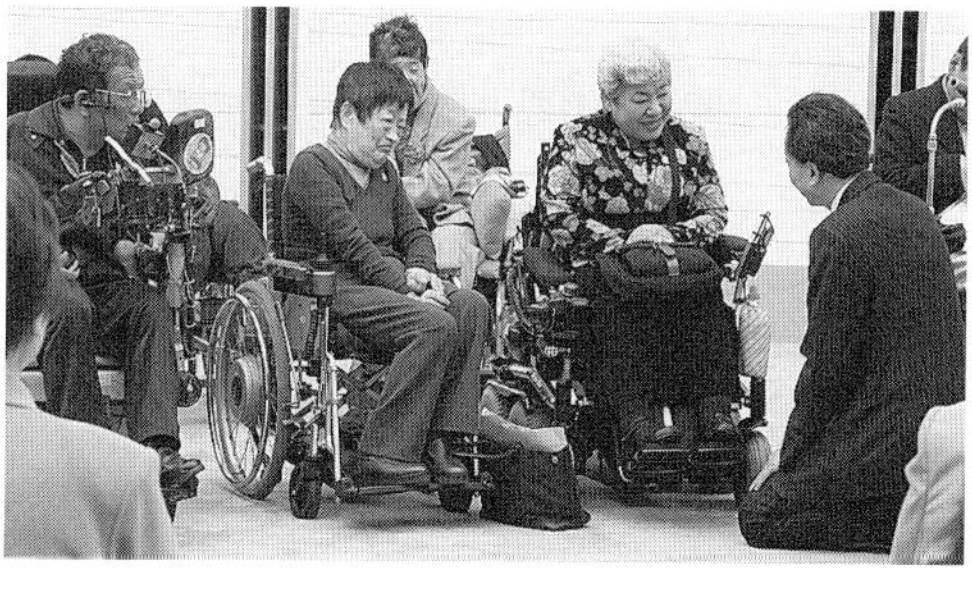

◀2010年4月21日　障害者自立支援法違憲訴訟の勝利的和解を受け、首相官邸を124名が訪問して鳩山首相（当時）と懇談した。

精神論に聞こえるかもしれませんが、決してそうではありません。それどころか、運動を継続させていくための中心軸となるものです。ただし、そこには一つの条件が必要となります。それは、運動の目的や運動をすすめる組織体を深く信頼できることです。言い換えれば、運動の見通しへの確信と言っていいかもしれません。

問題は、信頼や確信についての根拠です。有力なものとして、憲法や権利条約などの法的な規範があげられますが、実態やニーズのデータ化もそれに当たります。「運動に科学を」という言い方がありますが、あきらめない運動には、こうしたデータ化などの科学的な観点が欠かせません。

自立支援法にあっては、まずは原告一人ひとりの生活実態とニーズを明らかにし、合わせて最高法規である憲法に照らして問題の本質を探りました。これらを通して「あきらめない」を醸成させていったのです。

▲日比谷野外音楽堂での10・31全国集会

◆そういうあなたは

ここまで運動の大切さを述べてきましたが、最後にまとめをかねて現場での支援活動と運動の関係について考えてみたいと思います。ときどき、就職したばかりの職員からこんなことを耳にします。「私は障害のある人を支援するために就職したのに、それが街頭署名だとか、集会へ参加するようになど…。納得できないんです」というものですが、さてどうとらえればいいでしょう。

結論を出す前にイメージしてもらいたいことがあります。それは、世界初の豪華客船だったあのタイタニック号です。タイタニック号には６００もの客室があったそうです。この客室が特別支援学校や社会福祉関連の法人にあてがわれたとし、装飾も自由だとします。学校や法人をあげてきれいに飾ることになるでしょう。他の客室を見て回った学校長や理事長は、「うちが一番だ」と豪語するかもしれません。しかし、間もなく氷山に激突し、船もろとも沈んでしまうことを誰が予想できたでしょう。

船の針路こそが関連の法制であり、それを正しい方向に導くのが運動なのです。もし激突することがわかっていたら、船長や機関長と喧嘩してでも舵を奪い取っていたはずです。もちろん、針路が正しくても、寒風にさらされる船室ではみんな凍え死んでしまいます。大事なのは、船の針路を誤らず、客室も快適にするというバランスを保つことです。

他者に働きかけるのが運動の基本であることは、前にも述べたとおりです。ここで気づくべきは、働きかけた側から、無言のうちに「そういうあなたは」と返ってきているのです。働きかけた側の足元が問われることになります。運動とは、他者に影響を及ぼすことはもちろんですが、自己を省みる上からも大切になります。子どもの運動は背を伸ばしてくれますが、大人の運動は背すじを伸ばすと言っていいのではないでしょうか。

▲豪華客船タイタニック号

10 あそこまではやれた私たちの国

◆当事者が関わったからこそ

「何を食べるかよりも、誰と食べるかが大切」、これは食事にちなんでいろいろな人が用いている言い回しです。「なるほど」とポンと膝頭を打ちたくなります。たしかに、どんなごちそうを食べたとしても、リラックスできないような雰囲気ではちっともおいしくありません。食事の時の「誰」というのは、格別の隠し味なのかもしれません。

「誰」がいかに大切かは、食卓だけの話ではなさそうです。旅行もそうです。どこに行くかも大事ですが、それにも増して大きいのが誰と行くかではないでしょうか。どんな名所や景勝地に行ったとしても、顔ぶれによっては楽しさが半減しかねません。政治や行政の世界も、私たちの障害分野も、あらゆる場面で、この「誰」は、絶えずつきまとうのではないでしょうか。

そんなことを考えているうちに、頭の中に広がってくる言い回しがあります。それは、「Nothing about us without us（私たち抜きに私たちのことを決めないで）」です。国連で障害者権利条約が審議されたときにくり返されたフレーズです。制定されるまでの5年余、このフレーズがあの広い国連議場に響いたのは１００遍や２００遍ではありませんでした。

権利条約がすばらしいとされる理由の一つに、審議過程で障害当事者が深く関わったことがあげられます。それを象徴するのが、この「私たち抜きに私たちのことを決めないで」です。「誰が関わったのか」と条約の価値が一直線につながった感じです。関わったこと自体重要ですが、実際にも当事者ならではの感性や気付きは、条約の水準に貢献しました。

◆目に余るお役人主導

「誰」を念頭に置きながら、私たちの国の障害がある人の政策のつくられ方をみていくとどうでしょう。主役を担うのは見事なまでにお役人です。障害当事者を中心に民間人が深く関与した権利条約の審議の過程とは段違いです。

一般的に、法律や施策を合わせて政策と称します。障害のある人についての政策の原案は、例外なくお役人（政府）によってとりまとめられます。形の上では民間人が多数入った審議会が設けられます。でも審議委員を選ぶのも、毎回の会議に提出される原案や会議

▲国会前でのアピール行動

の進行シナリオの作成も、決め手となる最終報告書の集約も、すべてお役人が担います。こうした傾向はいずれの省庁も同じです。お役人主導の政策審議の方法や流れは、大昔からの「霞が関の掟」の一つとされています。

「でも法律は国会でしか制定できないんじゃないですか」、こんな声が聞こえてきそうです。その通りです。法律は国会でしか決められません。問題は、法律案の原案を誰がつくるのかということです。政策の原案は、表面に浮上した時点でおおよその水準と方向が決定づけられてしまうのです。この原案の作成担当はお役人が握って放しません。

あらためて、政策のなかでも最も中心となる法律のつくられ方をみてみましょう。つくられ方には二つのパターンがあります。一つは政府立法で、もう一つは議員立法です。前者は、政府（行政）によって、後者は国会議員によって原案が作成され、成立には双方とも国会での議決が必要です。政府立法は、徹底した行政ペースで法案化が図られます。他方の議員立法ですが、建前とはだいぶ異なり、実際のところはこちらもお役人が深く関与しているのが一般的です。

◆当事者を真ん中にしながら

ちなみに、日本の政府立法と議員立法の割合は、９割までが政府立法です。欧米ではこれとは逆で、大半の法律が議員立法です。議員側の責任感と主体性は強力で、行政府と明確に一線を画しながらの法案づくりになるそうです。こうみていくと、日本の場合はお役人の影響があまりに甚大です。官僚政治とか、お上主導と言われて久しいのは、この辺からもうかがえるのではないでしょうか。

日本の障害関連政策に、心底から信頼や適合感をもてないのは、以上のような状況が強く作用しているように思われます。自分たちに直接関係する事柄が、他人の手中にあるというのは、気持ちのいいものではありません。当事者不在のままでは、どんなに見栄えのいい政策でも、的（まと）を射ているとは思えません。加えて気がかりなことがあります。それは、こうした押しつけられ感が続いた場合にどうなるのかということです。障害のある人の政策への関心や権利意識が次第に削がれ、主権者としての主体性にも影響が出てくるのではないでしょうか。

「この国に生まれてよかった」「この時代に生きてよかった」を実感するためには、どうしてもこの状況を打ち破らなければなりません。決して行政がすべて悪と言っているのではありません。それどころか、行政が保有する豊富なデータや知見は良質の政策を生み出す上で欠かせません。大事なことは、目に余る行政一辺倒を改めることです。そして、障害のある人の政策の主人公である当事者の参画を本物にしていくことです。もう少し正確に言うと、障害当事者を真ん中に、行政も、議会も、そして支援者も、それぞれの立場と特性を発揮して、関係者みんなが協力する仕組みをつくっていくことです。

▲画期的だった障がい者制度改革推進会議

◆世界に誇る推進会議

すっかり悲観的な話になってしまいました。気落ちしている人がいるかもしれません。何か手掛かりがほしいところです。じつはあるのです。私たちの障害分野でも「お役人中心」に抗する実践があったのです。それほど古くはなく、記憶に新しい人もいるのではないでしょうか。それは、内閣府に置かれた「障がい者制度改革推進会議（以下、推進会議）」のとりくみです。国連の議場でくり返された、あの「私たち抜きに私たちのことを決めないで」の日本版と言っていいでしょう。政策策定の表舞台に、名実ともに障害当事者が登場したのです。

推進会議は、２００９年12月に始まって、２０１２年の前半で幕を閉じました。約２ヵ年半のとりくみでしたが、まさに隔世（かくせい）の感でした。推進会議での政策を審議したり決定する仕組みや仕掛けは、欧米諸国と比べてもひけをとらなかったように思います。

残念ながら、政権の意向などもあり、世界に誇る実践は長続きしませんでした。推進会議の後継の審議体となった障害者政策委員会に移管された直後は多少の名残がありましたが、今ではすっかり影をひそめ、元の木阿弥（もくあみ）です。でも、「日本社会でもあそこまでやれたんだ」という確信は直接関わった者に、また毎回の傍聴など高い関心をもって見守っていてくれた関係者の胸に深々と刻まれたように思います。

▲多くの障害当事者が構成員として参加した

推進会議の何がすばらしかったのか、成果物は何であったのか、このことをできる限り正確におさえておく必要があります。歴史の事実として、政策決定過程の到達点を確認する上で重要な作業になります。同時に到達点そのものが私たちにとっての現実的な道しるべにもなるはずです。

◆四つのすばらしさ

推進会議の特徴は、大きくみて四点に集約できます。これらは、国レベルだけではなく、地方自治体の障害関連政策づくりでも通用するはずです。もう少し大きく言えば、国全体の審議会制度のあり方に一石を投じたのではないでしょうか。また、政策審議のあり方だけではなく、「そもそも本人参加とは」「本人参加の後押しとは」、についての一つの社会実験であり、基本的な考え方を指し示したように思います。

一点目は、推進会議の構成員の過半数を障害当事者が占めたことです。26人の構成員のうち14人が障害当事者もしくは家族でした。人選の方法も一味異なっていました。日本障害フォーラム（全国規模の13の障害当事者団体が中心）の構成団体から一人ずつ候補者を出し合い、これを政府が追認したのです。

二点目は、障害当事者の構成員に対する支援が高水準で行なわれたことです。必要に応じて、手話通訳や要約筆記、資料の点字翻訳はもちろん、室温管理（体温調節が難しい人

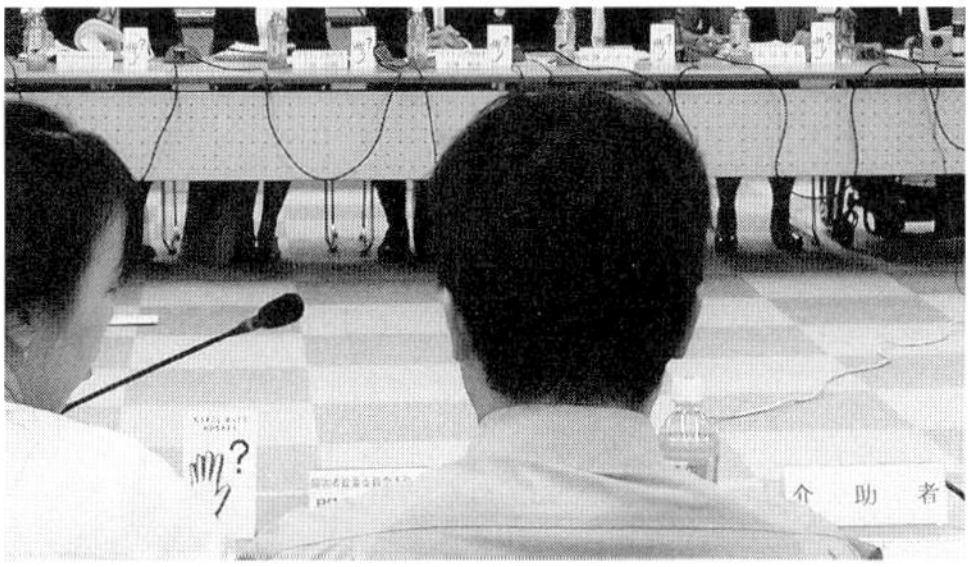

◀「意思表示用カード」は、「ストップしてください」（赤）「もう少しゆっくりわかりやすく」（黄）、「どういします わかります」（青）の三種類

への配慮)、資料整理要員の配置などもありました。休憩時間はたっぷりと取り、知的障害者の構成員には、意思表示用のカラーボード(赤、黄、青)が手元に置かれました。

三点目は、審議が実質的だったことです。2ヵ年余で38回の審議日が設けられたこと、1回あたりの審議時間を4時間としたことからも、実質ぶりがうかがえるかと思います。また、原案の多くはお役人からではなく、構成員と事務局の手で作成されました。

四点目は、情報開示の徹底です。できる限り傍聴席を増やし、CSテレビシステムによる生中継、またインターネットによるオンデマンド配信(録画を視聴できるシステム)も行なわれました。日本列島のさまざまな地点から視聴後の感想が寄せられていました。

◆夢のようだった2ヵ年半

推進会議でもう一つ重要だったのが、事務局の役割でした。所管は内閣府で、事務局員はすべて公募で採用されました。東俊裕さん(弁護士、車いす使用)を事務局長に、赤松英知さん(現在はきょうされん常務理事)ら4人が事務局を担いました。内閣府担当部署の管轄下に置かれ、もちろん制約もあったと思いますが、それでも原案作成部署としての「特権」を存分に発揮したのではないでしょうか。

肝心の成果物ですが、大きくは5種類の報告書を作成しました(詳しく知りたい方は、内閣府のホームページをご覧ください)。なかでも、特筆すべきは、「障害者総合福祉法の骨格に関する総合福祉部会の提言」（2011年8月30日）です。一般的には、「骨格提言」と称されています。内容面もさることながら、さまざまな団体や分野を代表する55人の構成員の合意でとりまとめられたことに最大の価値があります。

骨格提言に沿って、障害者自立支援法に代わる新たな法律が誕生するはずでしたが、厚労省や政治の強烈な巻き返しに見舞われ、その道は断たれてしまいました。しばらくは後方に控えざるを得ない骨格提言ですが、権利条約や基本合意文書とともに、まちがいなく障害のある人の暮らしを好転させていくための青写真になろうかと思います。また、それぞれの報告書は障害者基本法の抜本改正や障害者差別解消法の創設などの後ろ盾となりました。

私自身は、推進会議の議長代理として、進行役を務めながら全体の流れづくりに努力してきました。物事とは、少なくともある時期は、「何をつくるか」よりも「誰がつくるか」が決定的であることを体感させられた2ヵ年半でした。当時の心境を正直に言うと、「これは夢ではないか」でした。毎回そう思ったのです。決して、夢でも幻でもありませんでした。

■障害に関する内外の８タイトル政策

○障害者の権利に関する条約
２００６・12・13

○障害者自立支援法違憲訴訟原告団・弁護団と国（厚生労働省）との基本合意文書
２０１０・１・７

○障害者制度改革の推進のための基本的な方向（第一次意見）
２０１０・６・７

○障害者制度改革の推進のための第二次意見
２０１０・12・17

○障害者総合福祉法の骨格に関する総合福祉部会の提言―新法の制定を目指して
２０１１・８・30

○「障害を理由とする差別の禁止に関する法制」についての差別禁止部会の意見
２０１２・９・14

○新「障害者基本計画」に関する障害者政策委員会の意見
２０１２・12・17

○アジア太平洋障害者の10年に関する閣僚宣言、およびインチョン戦略
２０１２・11

11 憲法はずっとこれからも そして安心保障を

◆近づいてくれない安心

「安心」、障害のある人や家族にとってこれほど頼りがいのあるキーワードはないのではないでしょうか。そこには、安全も安定も、そして安らぎもたっぷりと含まれているのです。それだけではありません。人とのつながりや夢の色あいをゆたかにしてくれるのも、安心があってのことです。人間らしさを育む土壌と言っていいかもしれません。

現実はどうでしょう。大切な安心ですが、なかなか近づいて来てはくれません。大半の障害当事者にとっては、遥か彼方にポツンとたたずんでいるぐらいにしか感じられないのではないでしょうか。遠のきつつあると感じる人の方が多いかもしれません。しかし、「この国に生まれてよかった」「この時代に生きてよかった」を実感するためには、どうしてもこの「安心」をたぐり寄せなければなりません。そのために私たちは何を成すべきか、このことに焦点を当てたいと思います。

◆ごまかされてはならない

そこで「何を成すべきか」ですが、守ること、攻めること、変えることの三点を掲げたいと思います。まずは「守ること」ですが、それはズバリ日本国憲法です。憲法を広辞苑で引くと、「国家存立の基本的条件を定めた根本法。他の法律・命令をもって変更することを許さない国の最高法規」とあります。要するに、日本国のあるべき姿を文言でくっきりと表したものです。

現在の憲法が施行されたのは１９４７年で、以来70年間にわたって「戦争をしない国」の礎をなしてきました。ところが、ここにきて憲法を改正しようという動きが一気に現実味を帯びています。これまでも解釈を変えながら内側から憲法を崩そうとする動きはありました。昨今の動きはそんなものではありません。それを大きく超えて、条文そのものを変えようというのです。憲法の制定当時と今とでは社会は様変わりし、時代遅れというのがその理由です。たしかに時代の変化は大きく、憲法の条文のすべてが現代にピッタリ合っているかとなると、そうは言い切れないかもしれません。

しかし、憲法を変えようという人たちの本当のねらいは時代遅れへの対処にあるのでは

◀２０１６年11月２日に開催されたＪＤ主催「障害者のしあわせと平和を考えるシリーズ２　日本国憲法公布70年　あなたにとって憲法とは？ともに学ぼう！語り合おう！」。パネリストが自分の好きな条文を掲げる

ありません。本音は別のところにあります。突き詰めれば、「強い国になりたい」であり、もっとはっきり言えば「戦争をできる国にしたい」の一点にあるのです。そして、「戦争をできる国」とつじつまが合わなくなるような条文を合わせて変えたいというのです。

さすがに、「戦争をできる国」のみの改正は露骨すぎるとみたのでしょう。そこで用いようとしているのが、「時代遅れ隠れ蓑作戦」です。つまり、時代遅れとおぼしきあれこれの改正に、「戦争をできる国」への改変をまぜこぜにしようというのです。私たちは、このまぜこぜ改憲論にごまかされてはなりません。そのためには、強すぎるぐらいに、憲法の一言一句たりとも手をつけさせないという構えを貫くべきです。

◆私たちだからこそ言わなければならないこと

それでは、「憲法を守る」とはどういうことなのか、具体的に考えてみましょう。このことは私たち障害分野と重ねたときにより鮮やかになります。言い方を変えれば、障害分野だからこそ言えること、否、障害分野だからこそ言わなければならないことがあるのです。

何はさておき言いたいのは、先の内容とも重なりますが、安心のための絶対条件となる恒久平和を追求することです。かつての国連決議にある「戦争は大量の障害者をつくり出す最大の暴力である」を持ち出すまでもなく、戦争と障害者とは相容れません。戦時中の、「ごくつぶし」や「非国民」呼ばわりは、多くの障害者と家族を苦しめ、傷つけてきました。第2章で紹介したナチスドイツ下での「価値なき生命の抹殺作戦」は、「戦争と障害者」の惨（むご）たらしさを嫌というほど突きつけています。

公表されている改憲論には、「国防軍」という名の軍隊の新設がうたわれています。軍隊の存在は、「戦争をできる国」とイコールです。このことは、平和の一角が崩されるだけではなく、平時にあっても予算の組み方に多大な影響がもたらされます。障害関連予算を含む社会保障財政全体の後退は、火を見るより明らかです。

他方、現在の憲法は、「武器は持ちません」「戦争はしません」（第9条）としています。小気味いいばかりの名言です。文字通り、命がけで守り通さなければなりません。

もう一つ、大事なことがあります。改憲論では、現行の憲法にある基本的人権関連の条文（第97条）をすべて省こうとしています。なるほど、戦争は人命を奪い、国防軍が大手を振るとなると基本的人権条文とは矛盾することになります。改憲論の中では一貫するのかもしれません。でも、私たち障害分野からすると、この条文の消去は憲法の中の人権関連の主柱がポキンと折れるに等しいのです。これにも魔の手を触れさせてはなりません。

◆本来の政策課題に向けて

次に、「攻めること」について考えましょう。日本の障害分野のこの10年余は、障害者自立支援法など奇妙な政策の連続でした。すっかり振り回されてきました。火の粉を払うの

▲パネリストは好きな条文についてその理由を語った

に精いっぱいで、打ち立てるべき本来の政策課題にほとんど着手できていませんでした。「この国に生まれてよかった」「この時代に生きてよかった」を実質化していくためには、本来の政策課題に迫らなければなりません。それは本物の地域生活、家族依存ではない自立生活のための最低条件と言えるものです。

攻めるべきは、二点です。一つは、本格的な所得保障制度の確立です。「本格的な」という意味は、現行の障害基礎年金（２０１７年度現在、月額で１級は８万１１７７円、２級６万４９４１円）の水準ではどうにもならないということです。障害者権利条約の真髄に、「他の者との平等を基礎として」があります。これは一般市民との平等性の追求を意味します。所得状況はこれとは裏腹で、障害者と一般市民との間がもっとも開いてしまった分野の一つです。

じつは、障害者個々についての所得と暮らしぶりに関する公的なデータはありません。数少ないデータの一つに、きょうされんによる作業所利用者についての調査があります。最新の調査結果によると、年金と工賃、家族の支援などすべての収入を合算しても、相対的貧困線（生きていく上での限界ラインで、日本の場合は年間１２２万円）をこえている者は20％に過ぎません。英国の文豪モームは、自作の中で「そこそこの収入がなければ、人生の半分の可能性と縁が切れる」と言っています。このままでは障害者の大半が人生の可能性を断たれてしまいます。

◆家族負担に決別を

いま一つは、家族に強いている扶養（扶（たす）け合うこと）の負担をなくすことです。家族制度の改正を図らなければなりません。扶養義務を含む家族制度は、明治時代に原形がつくられた民法に由来します。民法には家族間の扶養に関する規定がいくつかありますが、代表的なものとしては、「直系血族及び兄弟姉妹は、互いに扶養をする義務がある」（877条）があげられます。自立支援法で馴染みになった世帯合算方式（負担額を同居家族の収入全体で算出）や精神科入院時の家族同意などは、その根拠をこの民法に置いています。

家族制度の規定が、社会保障や社会福祉の公的責任をあいまいにする温床になっているのです。そのまま家族負担の温床とも重なります。それにとどまりません。障害当事者からすれば、家族への依存を強いられるようなものです。依存の常態化は、誤った障害観を醸成しかねません。幾重にも問題のある家族制度です。

欧米の主な国では、障害があろうとなかろうと、成人に達すると家族扶養から社会扶養へと切り替わります。これによって、特別に家族の絆や血縁関係が薄まるなどはないとされています。同居も自由です。何かあれば社会みんなが支えてくれるというのは、最大の安心につながるのではないでしょうか。社会の形にも影響してくるように思います。

ところで、気になるのは先にあげた改憲論の中でも家族について触れていることです。

わざわざ憲法に「家族の助け合い」を明文化しようというのです。自助政策の足場強化策に他なりません。一方で、私たちの国の障害分野で厳然と生き続けているフレーズの一つに、「親亡きあと」があります。改憲論での家族の助け合い強化論は論外として、この余りに悲壮な「親亡きあと」については、早急に死語に追い込んでいかなければなりません。

◆社会を変えてこそ

最後に、「変えること」について述べます。これは、障害のある人の立場から社会のあり方を変えなければということです。2016年7月、相模原市で起こった「津久井やまゆり園事件」は、容疑者の異常な言動に加えて社会に潜む優生思想を浮かび上がらせました。また考え方や立場に関わらず、障害当事者と家族の大半は目に余る今日の弱肉強食社会に生きづらさを感じているに違いありません。「社会のあり方」は、私たち障害分野にとって最大のテーマと言っていいのではないでしょうか。

障害者と社会のあり方については、呉秀三（16ページ参照）、糸賀一雄、田中昌人ら、多くの先人たちが明確に触れています。たとえば、全障研初代委員長の田中は、糸賀らとの実践から創り出した発達保障論の中で、「個人の発達の系、集団の発展の系、社会体制の進歩の系」を唱え、個人、集団、社会の関係を一体的にとらえることの大切さを唱えていますす。現場となると、つい目の前の実践（支援）に重心が置かれがちですが、個人や集団を

糸賀一雄（いとが　かずお）（1914〜68）
戦後、田村一二、池田太郎らと戦災孤児や知的障害児の近江学園を設立。のちに、重症児を対象としたびわこ学園を開設し、障害児の療育を発展させた。田中昌人らと「発達保障」を提唱する。「この子らを世の光に」の言葉は有名。

社会のあり方と重ねることで、障害観や発達観、支援観に質的な転換がもたらされるというのです。

このことは権利条約で明記された新たな障害観とも通底します。障害とは、障害当事者をとりまく環境（態度や障壁）との関係で大きく左右されるとしています。簡単に言えば、住んでいる社会によって障害は重くもなれば軽くもなるのです。機能障害（知的な遅れや運動麻痺、目や耳の障害など）そのものの解決は簡単ではありませんが、「この社会に、この地域に、この時代に生きてよかった」は、人為的に解決できるはずです。

障害のある人の支援に新たな地平を開いた発達保障論、そして新たな障害観を示した権利条約、これらを包み込みながら、私たちの社会の中に、「安心保障」というより大きな考え方を打ち立てていこうではありませんか。

田中昌人（たなか　まさと）（1932~2005）　近江学園指導係長として糸賀らとともに実践と研究を重ね、同時に、大津市の乳幼児健診の基礎づくりの一翼を担った。障害者の権利を守り、発達を保障することを目的とする全国障害者問題研究会（全障研）の結成に参加し、初代全国委員長。京都大学教授。

少しだけ言わせてもらうよ。
警察官や裁判官はもっと勉強してほしい。
マスコミの人もボクたちともっと向き合ってほしい。
簡単だよ。障害のある人と友達になることさ。

そうそう、気になっていたことがあるんだ。
あの日のリュックに、グローブとボールが入っていたはず。
野球の大好きな子どもたちにあげてほしいんだ。
ひしゃげた自転車は修理して、父さんに乗ってほしい。

夜空にボクがいるのを知っているかな。
“健太星（ぼし）”が生れたんだ。
チカチカしているのはボクのウインクさ。
みつけたときは、手を振ってほしいんだ。必ずね。

■安永健太さん死亡事件

2007年9月25日、障害者作業所からの帰り道、自転車で家に向かっていた知的障害の安永健太さん（当時25歳）は、5人の警察官にとりおさえられ、亡くなってしまいました。残された家族は「死んでしまった原因を知りたい」と、裁判所に訴えましたが、いまだにその原因はわかっていません。

裁判で警察官は「精神錯乱者として保護した」、「知的障害に気付かなかった」といっていますが、健太さんは、体中傷だらけになり、馬のりになった警察官に手錠までかけられたりしながら、突然心臓が止まって、なくなりました。

健太さんは自分の思いを伝えることが難かしいので、ただただ怖くて、痛くて、激しく抵抗しました。みなさんが、もしことばのわからない外国で、わけもわからずに、とつぜんよってたかっておさえつけられたら、必死に抵抗するのではないでしょうか。健太さんは、それと同じ目にあったのです。（安永健太さん死亡事件を考える会パンフレットから）

わすれないで　　　ふじい　かつのり

やっぱり悲しかった。
正直言うと、ちょっぴり希望があったんだ。
裁判所に期待をかけていたのさ。
だって裁判所は公平なところって聞いていたから。

希望はいっぺんに消えてしまった。
最高裁判所が決めたことは、天国にもすぐに届いたよ。
冷たく、あっけなかった。
もう少しきちんと調べてもらえると思ったのに。

裁判と言えば、地方裁判所も高等裁判所も変だった。
裁判官は、障害のあるボクたちのことをどれくらいわかっているんだろう。
ほとんどわかっていないんじゃないかな。
警察官や検察官とはちょっとは違うと思っていたのに。

裁判は終わった。
わけのわからないうちにおしまいになってしまった。
警察官が叱られることはなくなった。
国が叱られることもなくなった。

これでぜんぶおしまいになってしまうんだろうか。
そんなのおかしいと思う。
だって、ボクの命のことは何にも解決していないじゃないか。
裁判は終わったけど、ボクの命のことは終わっていない。

たった一つの命のこと、これからもずっと考えてほしい。
ボクのことをわすれないで。
二度とボクのような死に方をくり返さないために。
錯乱状態と呼ばれることも、後ろ手錠もくり返さないために。

12 災害大国と障害のある人

◆襲いかかった2倍の死亡率

「あなたの半生をふり返って、一番大きな衝撃は何ですか」と尋ねられたら、すかさず東日本大震災と答えるでしょう。テレビから流れるまるでドラマを視聴しているようなリアルタイムの大津波の襲来シーン、都心から小平市までの8時間余をかけての決死の覚悟での帰宅、東京もだめになるかと思った福島原発の水素爆発時の衝撃、東北の友人や関係者と幾日も断絶状態になってしまった電話、今思い起こしても心に嫌な高鳴りを覚えます。

マグニチュード9・0がもたらした惨劇は、被災地はもとより日本列島全体を震え上がらせました。このことは死者と行方不明者、それに関連死を合わせて2万1924人（死者・行方不明者は2016年2月現在、関連死は同年9月現在）という数字となって私たちの前に表れたのです。自然の猛威の前に人間がいかに非力か、経済優先政策と沿岸部の開発の関係をどう見たらいいのか、原発神話のあっけない崩壊、犠牲者のおびただしい数は、私たちの社会に途方もない大きなテーマを突きつけました。そして、その大半は、今なお答えを見いだせないままです。

いろんなことを考えさせられる未曾有の東日本大震災ですが、私たち障害分野にとっては、もう一つ見過ごせない問題があります。それは、障害のある人の死亡率が、全住民の死亡率の2倍に及んだことです。死亡率2倍の最初の公表はＮＨＫによるもので、大震災からちょうど半年後のことでした。その後、宮城県当局や地元の河北新報などの報道各社からも相次いで伝えられましたが、数値が変わることはありませんでした。具体的には、沿岸被災地の全住民の死亡率が1・03％であるのに対して、障害のある人（障害者手帳所持者）の死亡率が2・06％というものでした。

障害のある人とない人が本当に平等であれば、仮に犠牲者があったにしても、その倍率は等しくなるはずです。大災害による不可避的な被害を天災とするならば、2倍の死亡率は、天災に加えての障害ゆえに負わされる不利益となります。この障害ゆえの不利益を「人災」と言ってもいいのではないでしょうか。明らかな障害者差別です。この人災部分をなくすこと、もしくは減らすことこそが、障害のある人の震災対策の基本となるのです。

▲宮城県での支援活動

◆いち早く立ちあがったＪＤＦ

「東日本大震災と障害のある人」を語るとき、日本障害フォーラム（ＪＤＦ）の存在は欠かせないように思います。ＪＤＦの元々の設立の目的は、障害者権利条約の制定の推進であり、国内の障害関連政策の拡充にありました。こうしたテーマも、より深めていくと、たどり着くのは「障害のある人のためになにをなすべきか」です。とすれば、被災地の障害のある人の辛苦がはっきりしている以上、ＪＤＦが無条件で立ちあがるのは、当然と言えば当然であり、ＪＤＦに課せられた社会的な使命と言ってもいいでしょう。

大地震が勃発してから一週間目の２０１１年３月18日に、ＪＤＦを構成する団体の代表者が集まり、同日付で「ＪＤＦ東日本大震災被災障害者総合支援本部」（以下、総合支援本部）の設置を決めました。物事を推進していくにあたって、組織実体がいかに大事であるかは、ＪＤＦのリーダー層はよくわかっていました。比較的早い段階での総合支援本部の開設は、迅速性が問われた震災初期段階での支援活動に重要な役割を果たせたように思います。

総合支援本部は、貴重な関連情報の受発信の窓口となり、支援活動募金の受け皿となりました。最大の課題となった主要被災地域（岩手、宮城、福島）での現実的な足場となる現地支援センターについても、急ピッチで準備を進めました。総合支援本部の役割がいかに大きかったかは、震災から１年目の２０１２年９月の時点での専用ホームページへのアクセス数が9万件余に達したことからも明らかです。発信内容の主要部分を英語版にしたことで、海外からの問い合わせや、支援活動募金も多く寄せられました。

現地支援センターの設置は、それぞれの条件が異なり一様とはいきませんでした。開設順に記すと、「JDFみやぎ支援センター」（2011年3月30日）、「JDF被災地障がい者支援センターふくしま」（同年4月6日）、「JDF被災障がい者支援いわて本部」（同年9月22日）、いわて本部の支所としての岩手県陸前高田市での「JDFいわて支援センター」（2012年4月17日）となります。

いずれの支援センターも、JDF同様に、地元の主要な障害関連団体が中心となりました。各支援センターとJDF総合支援本部のメンバーによる定期協議、情報交換は震災後5年間にわたって続けられました（多い時期には隔月のペースで）。

◆南相馬市と陸前高田市での全数調査

東日本大震災のJDFの支援活動は多岐に及びました。また長期にわたり、厳密に言えば2017年現在も続いています。

支援活動をふり返ると、大震災の発生時期とその直後の混乱期、復旧期、復興期と、時系列ごとに活動内容は大きく変化しています。原発の爆発のあった福島については沿岸部に入るまでには時間を要しましたが、岩手と宮城でまず手掛けたことは、行政や地元の障

▲ JDF みやぎ支援センター

害団体役員などと連絡をとり合いながらの障害のある人の安否確認でした。一日かけずり回って、一人の生存を確認したこともありました（幾例も）。安否確認と並行していずれの被災地でも大事になったのが避難所の訪問、つまり避難所に移り住んでいる障害のある人への支援でした。

現地の支援センターには、一週間を活動単位とする支援員が派遣され、ＪＤＦからも週替わりで責任者を配置しました。ＪＤＦみやぎ支援センターには、長期間にわたり連日50人余の支援員体制が組まれ、岩手においても早い段階で常時10数人が動ける条件を確保しました。福島においては、支援センターのある郡山市と南相馬市に活動の拠点を置きました。ＪＤＦが全国から派遣した支援員は、震災発生から5年間でのべ1万3０００人に及びます。

多岐に及ぶＪＤＦの支援活動にあって、とくに重要と思われるものを三点掲げます。一点目は国への要望活動です。要望先は厚労省ならびに内閣府が中心で、提出数は震災発生直後の２０１１年3月14日付から２０１６年5月2日付に至るまで、計12通となっています。

二点目は、自治体の要請に基づいて、ＪＤＦが実施した障害のある人の家庭の全数調査です。具体的には南相馬市（福島県）と陸前高田市（岩手県）で、形の上では「市からの要請」ですが、実質的にはＪＤＦからの障害者名簿の開示要求に応じてくれたものです。

▲ふくしま缶バッジ。福島県内の作業所で製造する。

それぞれ1139件、1021件の全数調査を成し遂げ、略分析を含む報告書として、双方の市長に手渡しました。障害者名簿のフル開示と言う点で歴史的な意味を持つものとなりました。

三点目は、被災障害者の実態を社会へ訴えることの一環としてドキュメンタリー映画を制作したことです。大震災から2周年に当たる2013年3月に、「生命のことづけ　～死亡率2倍　障害のある人たちの3・11～」を完成させました（英語版、ロシア語版、ドイツ語版でも）。国内はもとより、国際会議などでも上映し、大きな反響を呼んでいます。

◆教訓が生かされなかった熊本地震

東日本大震災の爪痕が癒えないうちに、今度は、2016年4月14日と16日の二度にわたって熊本県と大分県を震源地とする「熊本地震」が発生しました。幸いにも津波が押し寄せることはなく、犠牲者の数こそ東日本大震災の規模を大きく下回りましたが、それでも益城町や南阿蘇村の中心部は壊滅的な打撃を受け、熊本市の一定エリアを含む周辺自治体に多大な被害をもたらしました。

ＪＤＦはすぐさま現地に入りました。震災が発生した翌週には熊本県ならびに熊本市当局とかけ合い、「被災した障害のある人とその家族に対して十分な支援策を講じてほしい」旨を申し入れました。同時に、県が所管する熊本県身体障がい者福祉センターの2室をＪ

▲映画「生命のことづけ」

DFの現地支援センターに提供することを確約してもらいました。

障害分野にとっての大きな関心事は、東日本大震災時の反省や教訓がどれくらい生かされているかということでした。合わせて、施行に移された障害者差別解消法の効力も気になるところです。残念ながら、ほとんどいかされず、新法の効力も全くみられなかったと言って過言ではありません。

知的障害者や発達障害者を中心に、障害のある人の多くは、事実上避難所からしめ出され、半壊状態の自宅や自家用車で寝泊まりする状態が続きました。頼みの福祉避難所に至っては、大半の障害のある人が、その存在すら知らないというありさまです。

それだけではありません。避難所から次の住まいに移る段階でも同じ轍を踏んでいます。JDFは、東日本大震災時から仮設住宅のあり方について、「バリアフリーを標準タイプとすべき」と主張してきました。障害のある人だけでなく、高齢者や病気の人、妊産婦などを想定すれば当然のことです。また、住宅内のバリアフリーだけではなく、住宅の周辺環境との一体的なバリアフリーについても重視してきました。むなしいほど、JDFの主張が取り入れられることはありませんでした。

JDFの熊本支援は、2016年5月上旬から、2017年3月末まで続けられ、東日本大震災時の支援同様に1週間を活動単位とし、全国からの支援員はのべ約500人でした。直接的な支援はいったん終了しましたが、東日本大震災の被災地と合わせて、「忘れない」を掲げながら、長期の視点で見守っていきたいと思います。

◆問われる国の責任

私たちの国は、「災害大国」と言っていいかと思います。ささやかれているような新たな大地震や大津波だけではなく、台風などの風水害も心配です。最近では、自然災害以外に、大型火災や原発事故、戦争やテロ関連の被害まで現実味を帯びています。

もちろん、私たち市民一人ひとりの備えも、軽視してはなりません。しかし、大規模災害について言えば、防止政策から減災政策、そして災害が起こった後の緊急支援から復旧・復興政策に至るまで、これら一連の責任は、第一義的には国が果たすべきです。

この点で気になることがあります。それは、東日本大震災でも、熊本地震でも、あれほど「震災によって障害者に不利益が集積している」とされながら、公的に実態の把握がなされていないことです。ＪＤＦは、東日本大震災時のＮＨＫによる「障害者の死亡率が全住民の2倍」という公表のあった時点から、一貫して、この点についての国としての検証を求めてきました。再三の文書での申し入れにも関わらず、今なお梨のつぶてです。都合の悪いことでもあるのかと勘ぐってしまいます。「2倍の死亡率」以外にも、おびただしい数のいわゆる関連死や、震災に伴う受障害などについても、その詳細は明らかになっていません。生命や健康とも深く関わる障害者名簿や要援護者名簿の開示についても、国のイ

▲除染に用いられたひまわりの畑にて

ニシアティブが問われます。

今述べてきたように災害に関する国の責任は極めて大きいものがありますが、一方で、いざ自然災害に見舞われた時の緊急で直接的な支援となると、やはり民間の支援がものをいいます。ここでの最大のポイントは、民間が一つにまとまることです。現実には、ＪＤＦに一元化しての支援が最も効果的になるのではないでしょうか。ＪＤＦのこれまでの支援活動の経費は、すべて募金や寄付金で賄いました。支援センターの維持費や支援員の交通費などの基礎的な経費については、公費が投与されるべきです。

最後に二点述べてしめくくりとします。一つは、当事者参加を災害政策にどういかすかです。東日本大震災時の各県の復興委員会には、いずれも障害当事者の姿は見当たりませんでした。これで真の復興が成るのでしょうか。もう一つは、平時の障害のある人への支援水準が問われるのではということです。大きな災害をくり返すなかで、支援水準の低劣さが、被害の大きさに相関することが明らかになりつつあります。

13 新たな政策潮流と運動の課題
―「我が事・丸ごと」政策の本質をどうみるか

◆介護保険法改正の陰に隠れながら

本書の最終項にあたり、障害のある人のこれからの暮らしに大きな影響が予想される昨今の福祉政策の特徴に焦点を当ててみたいと思います。それは、「昨今の福祉政策」というだけではなく、この20年間にわたって国が推し進めてきた「受益者負担政策」「公的責任回避政策」の一つの総仕上げの意味をもつものです。その総仕上げは、これからの福祉施策の発射台となるのです。もちろんゆがんだ考え方に基づく発射台を受け入れるわけにはいきません。発射台をいったんご破算にする必要があります。その上で、「障害のある人にとっての本物の福祉政策はどうあるべきか」、という観点で新たな考え方を打ち立てていかなければなりません。「昨今の福祉政策」と「新たな考え方の打ち立て」という対立するキーワードに真正面から向き合うことは、障害問題の今を深める上でとても重要なことです。そこには、当座だけではなく、21世紀の前半から中盤に向けての新たな運動の方向や力の源が含まれているように思います。

そこで、まずは「昨今の福祉政策」について紹介したいと思います。その正体は、厚労省によって取りまとめられた「『我が事・丸ごと』地域共生社会」（以下、「我が事・丸ごと」政策）です。２０１６年7月15日に発表されて以来、あれよあれよという間に法律案に仕立て上げられ、２０１７年5月26日の国会で成立となりました。正確に言えば、２０１５年9月に厚労省より公表された「誰もが支えあう地域の構築に向けた福祉サービスの実現―新たな時代に対応した福祉の提供ビジョン」がその下敷きになっています。

法案段階の名称は、「地域包括ケアシステムの強化のための介護保険法等の一部を改正する法律案」で、ここからは「我が事・丸ごと」政策は連想できにくいように思います。というよりは連想させないようにしたのです。この法案は、介護保険制度の定時見直しを主柱とする31本の法律にまたがる大がかりな法案で、「我が事・丸ごと」政策は、この大がかり法案の奥深くに埋め込まれていたのです。法案審議の焦点は専ら介護保険制度で、マスコミもこの点の報道に終始しました。

たとえば、応益負担制度を盛り込んだかつての障害者自立支援法の場合は、運動の標的は単純明快でした。自立支援法のみにエネルギーを注ぎ込むことで、応益負担制度の問題や矛盾が自ずとあぶり出されたのです。ところが、今回の「我が事・丸ごと」政策については、自立支援法の二の舞を踏むまいと単純な図式とはせず、大がかりな法律の奥深くに潜ませたのです。大がかりで複雑な法律改正を隠れ蓑に「我が事・丸ごと」政策の法定化を図りました。姑息というか、巧妙というか、角度を変えてみればそれほど厚労省として必死だったのです。

◆基本は自助と効率

それでは「我が事・丸ごと」政策なるものの実相をみていきましょう。厚生労働省が当初の段階で強調していたのは、「これからの社会福祉は他人ごととしてとらえるのではなく我が事として親身に考えるべき」「高齢者や子ども、生活困窮者、障害者などの分野を縦割りではなく横断的に丸ごととらえることが大切」というものでした。このこと自体は間違いではなく、むしろ当たり前だと思います。問題は、この当たり前のことをわざわざ聞こえのいい「我が事・丸ごと」と表現したのはなぜかということです。一種のカモフラージュ・ネーミングと言って差支えありません。本当のねらいは、「我が事として考えるべし」とか「縦割りを排すべし」ではなく、そこには深い意図がありました。関連の政策文書を読み合わせると、その意図が浮かび上がってきます。「我が事」とは、「これからの社会福祉は公に頼るのではなく自己努力や地域での支えあいが基本」とし、簡単に言えば

▲権利条約を地域のすみずみに

「自助」「互助」を強調するものになっています。もう一つの「丸ごと」ですが、こちらの方は「縦割りを排す」との名目で、地域の社会資源（福祉施設）を福祉ニーズのある人みんなが利用できるようにすべきとしています。要するに、社会福祉施設の効率運用です。「自助」と「効率論」が重なるときに見えてくるのは、強力な公費の削減であり、社会福祉における新手の公的責任の回避策以外の何物でもありません。

もう少し具体的にみていきましょう。一つ目のポイントは、社会福祉の責任順位を、本人からみて、自助、互助、共助、公助としていることです。まずは自己責任としての自助を果たし、加えて互助が大事になるというのです。互助の中心は、身近な住民ボランティアを指し、その上で共助が入ってきます。この共助の一環に、２０１６年の社会福祉法の改正に伴う「社会福祉法人の活用」がものを言うことになります。そしてようやく公助が登場し、足らざる部分を補うというのです。筆者を含む障害のある人の大半は、日々の暮らしにあって嫌と言うほど自己責任や自己努力を味わわされ、障害の状態によっては生きていること自体が自助の連続と言っていいのではないでしょうか。そもそも自助は他者から強要されるものではなく、ましてや国の政策に明文化するなどは論外です。第二次世界大戦後、わずかずつ積み上げてきた権利としての社会保障、権利としての社会福祉が、まるで音を立てて崩れるような感じです。ちなみに、「公助」という用語は広辞苑などにはなく、「自助」を印象づけるための引き立て役の造語なのです。おかしな造語を封印し、「公的責任」という用語を用いるべきです。

◆危うい社会福祉の専門性

もう一つのポイントは、「丸ごと」政策を推進していくための方向性を打ち出していることです。具体的には、高齢者、子ども、生活困窮者、障害者と分野別に分れていた各種の事業に共通基準を設けようというものです。さしあたっては、職員の配置基準や施設設備基準の共通化が想定されます。相談支援事業にあっても分野を越えた対応が考えられています。「誰もが利用できるというのは理想的では」という声が聞こえてきそうですが、果たしてそうでしょうか。現時点でみえている問題点、想定される問題点を大きく二点で以下に述べます。

第一点目は、社会福祉の分野ごとの専門性をどうみるかということです。たしかに、支援面での共通項もあろうかと思いますが、それ以上に青年層や壮年層を中心とした障害のある人には、質と量の両面でより的確で、固有性の高い支援が求められます。高齢者や子どもにも同じことが言えるように思います。分野ごとの専門性の確立は国際的にも確かめられています。国の内外の専門性の蓄積をこうも簡単に否定していいのでしょうか。その点で、国内の社会福祉専門職の養成領域から、今般の政策動向に対して厳しい意見があってもいいのではと思います。

◀「約束を守れ」とアピール。2016年4月21日、障害者権利条約・基本合意・骨格提言の実現めざす4・21全国大会。

第二点目は、地域の社会資源の利用をめぐる「争奪戦」への懸念です。全体的に見て、まだまだ貧寒な状況にある社会福祉関連の社会資源にあって、社会福祉ニーズを持つ人たちが「狭き門」に殺到することは火をみるより明らかです。予想される認知症の急増も、「狭き門」の問題に拍車をかけるのではないでしょうか。この点で気がかりなのが障害のある人への対応です。困難な条件を持つ障害の重い人に対する「みえない敬遠」「みえない後回し」などが十分に予想されます。

「我が事・丸ごと」政策を裏打ちする政府の政策文書によると、その背景に過疎化の加速への対応をあげていますが、実際の人口分布は圧倒的に都市部に集中しています。標準政策は都市部を基本とすべきで、現状の分野ごとの政策の拡充を推し進めることです。その上で、過疎地域を含む人口減少地域への対応は、分野ごとの施策の柔軟な組み合わせを基本とする応用問題として対処すべきです。過疎地域の問題を引き合いに出すなどは、どうみても、「我が事・丸ごと」政策を正当化するための後付けの理屈にすぎません。

加えて、障害分野から「丸ごと」政策に言っておかなければならないことがあります。障害者権利条約（以下、権利条約）に照らしての「共生」（インクルーシブ）は、条約に頻繁に登場する「他の者との平等を基礎として」が基本になるはずです。要するに、同年齢の市民との平等性や「共生」の実現です。まずは一般市民との「共生」をベースとし、それに社会福祉のニーズをもつ人びとによる連携が上乗せされるという関係になるのです。

この原則や構造を曖昧にしてはなりません。一般市民との「共生」を抜きにした福祉対象者のみの「共生」は、もはや「共生」とはほど遠く、要支援者の安直な「集中見守り」となりかねません。「共生」ではなく、「共倒（ともだおれ）」になってしまいます。

◆高齢者への負担増政策はやがて

ところで、成立をみた「地域包括ケアシステムの強化のための介護保険法等の一部を改正する法律」とはどういうものでしょうか。はっきりしていることは、法律の中に政令（閣議で決めること）や省令（厚労省で決めること）に委ねられている部分が実に780ヵ所余にも及び、法律だけをみても全体像が不明確です。障害分野に限ってみると、遅行性の政策とされ、明確に地金がみえてくるのは2020年以降とされています。すぐさま影響が表れるのは高齢分野に集中します。具体的には、介護保険利用者の負担の増額です。一定の所得状況にある人（年間で340万円程度の所得）には、一気に3割負担が課せられることになります。また、月々の負担上限額がそれまでの月額3万7200円から4万4400円に引き上げられます。

こうした高齢分野での、大幅かつ急速な負担増は、障害分野からみて決して対岸の火事ではありません。分野ごとの主要政策の変質は、必ずと言っていいほど社会福祉政策の全般に及ぶのです。その点で、今般の高齢分野の「3割負担策」は、障害分野を含む社会福祉政策全体の負担策の将来に新たな道を開いたと言っていいでしょう。気になるのは、障害のある人のいわゆる「65歳問題」です。「介護保険優先原則」を譲らない厚労省の本音は、65歳を超えた高齢障害者に対しては、「1割から3割負担」に変更した介護保険制度に移行すべきと考えています。仮に、当座の負担軽減策が講じられたとしても、長続きの保証はありません。自助政策の気運が高まる中、障害のある人に対する受益者負担（応益負担）の流れはより強まることが予想されます。そして、「あの厳しい条件にある障害者ですら負担しているのだから、高齢者にはもう少し負担額を増してもらわなければ」とするネガティブなスパイラルがもう一段加速するのではないでしょうか。

なお、前にも述べた通り「地域包括ケアシステムの強化のための介護保険法等の一部を改正する法律案」の国会審議はあまりにあっけないものでした。これほどの大がかりで複雑な法律案にも関わらず、衆議院では22時間、参議院では16時間でした。しかも審議時間の大半が介護保険制度の見直し部分に集中し、「我が事・丸ごと」政策の審議はほとんどありませんでした。

◆徹底した当事者不在

以上、日本の障害者福祉の将来の風景を変えかねない「我が事・丸ごと」政策について概観してきました。内容面と合わせて、もう三点ばかり触れておきます。これらは、「我が事・丸ごと」政策の本質や全体像を押さえる上で欠いてはならない事柄です。

一つは、全くの当事者不在で進められた政策だということです。それだけではなく、実質的に関係審議会で検討されることはありませんでした。驚くほど完全な厚労省ペースで進行しました。厚生労働省内に設けられた「我が事・丸ごと」地域共生社会実現本部の第1回目が開催されたのは２０１６年7月15日でした。この日の本部会議をもって、「我が事・丸ごと」政策の事実上の方向性が定められてしまったのです。本部会議に要した時間はたったの25分間程度でした。なお、本部長は厚労大臣で、副本部長以下主要ポストの全てが副大臣や事務次官、局長など厚生官僚で構成されています。25分間程度で、将来の社会福祉の基本が方向付けられたことになります。もちろん、厚労省の秘密裏の議論があったことは言うまでもありません。

権利条約の制定過程でくり返された「私たち抜きに私たちのことを決めないで」を、日本の政策決定過程にも取り入れようとする大きな流れが形成されつつあった矢先のことでした。また、障害者自立支援法違憲訴訟の和解に伴う「基本合意文書」の中でも重要政策での障害当事者参加を約束していました。

言い換えれば、関係者からの批判は百も承知で、それを押してまでこの政策を結実させたかったのです。改めて「我が事・丸ごと」政策に込められた行政上の意図の深さを思い知らされます。

▲2014年6月11日　国連締約国会議ラウンドテーブルで

二つ目は、もはや厚労省を越えての国家的な戦略の中に位置づけられているということです。本部会議の資料には「今般、一億総活躍社会づくりが進められる中、福祉分野においても、パラダイムを転換し……」とあり、いわゆる「骨太方針」や財務省主導の報告書にも「我が事・丸ごと」政策の基調を成す「自助」や「効率」政策が色濃く示されています。

三つ目は、負担のあり方に新たな方向が見え隠れすることです。端的に言えば、ますます税方式から遠ざかり、新たな保険方式に突き進むのではないでしょうか。イメージとしては、現行の介護保険が、対象を大幅に広げた「社会福祉保険」に変貌することです。「我が事・丸ごと」政策で、統合的な社会福祉の地ならしが行なわれ、頃合いをみながらの新たな保険方式による財源の統合策への移行は、それほどうがった見方とは言えないように思います。保険方式の推進は、応益負担制度の強化に他ならず、詰まる所は究極の利用抑制策に重なるのです。

◆たしかな政策はたしかな運動から

さて、「我が事・丸ごと」政策を巧妙に埋め込んだ「地域包括ケアシステムの強化のための介護保険法等の一部を改正する法律」が成立した今、私たちはどこに向かって、何をなすべきでしょうか。残念ながら、成立をみた法律をひっくり返すというのは至難で、とりあえずは受け入れざるを得ません。

ここで重要になるのが次の二つの観点です。一つは、法律の施行後の課題に的確に対応することです。急がなければならないのが、政令や省令に注文をつけることです。中長期的には、法律の運用を厳しく監視し、障害のある人への不利益を最大限に防がなければなりません。この点については、個々の法人や地域ごとのとりくみが大切になります。もう一つは、「我が事・丸ごと」政策に必要以上に振り回されないことです。もともと、降ってわいたような政策で、この時点で、私たちの「本来の課題」に立ちかえるべきです。それは、「我が事・丸ごと」政策では全く触れられなかった事柄で、「権利」の視点からの社会福祉政策を打ち立てていくことです。

具体的には、権利条約ならびに基本合意文書、骨格提言に掲げられている理念と内容にまっすぐ突き進むことです。すぐに実現が難しい課題については、しっかりと礎を打ち固めることです。そのためにも、権利条約や基本合意文書、骨格提言をいつも手元に置くことであり、事あるごとに深め合うことが肝要です。

その上で、もう少し個々の暮らしに引きつけた課題をはっきりさせる必要があります。大きくみると次の二点が共通項になるように思います。すなわち、①家族依存（家族負担）からの脱却（民法改正を前提に家族扶養から社会扶養へ）、②本格的な所得保障制度の確立（年金額の引き上げを基本に）です。本当に「共生社会」や「自立生活」を標榜するのであれば、この二点は絶対的な条件と言えるでしょう。

最後に、「何をなすべきか」についてふれます。答えは明確です。「たしかな運動」をつくっていくことです。たしかな運動とは、その拠りどころに障害当事者のニーズを据えることであり、幅広いまとまりがあることです。加えて、自立支援法違憲訴訟で培った「あきらめない」「こびない」「ぶれない」を忘れてはなりません。たしかな政策は、たしかな運動によって得られ、たしかな運動で獲得した政策は、施行後も成長します。ますます重要になってくる「たしかな運動」について、それぞれの立場で、それぞれの団体や法人で、それぞれの地域で深めてほしいと思います。

▲ＪＤ（日本障害者協議会）総会で

裏切らない　　　ふじい　かつのり

運動は固そう
そとからみるとゴツゴツしてみえる
でも中身は違う
弾力の強い特製ゴムで満たされている
固そうでやわらかいのが運動

運動は息をしている
汚れた空気を吸うと、黙っていられなくなる
おかしなことに出会うと、怒りたくなる
威張った人が向かってくると、ひと言言いたくなる
苦しんでいる人を見かけると、たまらなく抱きしめたくなる

運動には栄養が欠かせない
進む方向、それはたんぱく質
まとまりは、炭水化物
仕組みや仕掛けは、脂肪
必要なお金は、ビタミン

運動は何かを変える
他人（ひと）の心を動かす
法律や制度を改める
社会だって進化させられる
相手方から「そういうあなたは」と問われ、自分も変わる

弾みのある運動は、ぶつかった分だけゆたかさを連れてくる
すぐには返ってこない
それでもいつかはきっと
運動は正直
運動は裏切らない

①参考人意見陳述　第162回国会　衆議院厚生労働委員会　2005年5月17日
障害者自立支援法案に関して／藤井克徳

鴨下委員長、各理事の方々、委員の方々、本当にきょうはどうもありがとうございました。

我が国十何万の精神病者は、病を受けた不幸のほかに、実にこの国に生まれた不幸を重ぬるものというべし。これは、大正時代の初期に、東京帝国大学の精神病医学教室の呉秀三が座敷牢の実態を見て言った言葉であります。呉秀三は、この一節の後にこう言っています。つまり、精神病者の保護と救済は実に人権問題にして、我が国政府の目下の急務といわざるべからず、こういうふうに記してあります。

ここでは精神病者とは言っていますけれども、恐らく障害全体に共通して言ったというふうに解釈していいのではないでしょうか。すなわち、障害者政策というのは、今から90年前、我が国政府の目下の急務、こう言っていたわけです。しかし、その後の流れというのは、この急務という二文字はかき消されました。つまり、絶えず後回し、そしてつけ足し政策、こういう道をたどってまいりました。

こういう中で、今、日本の障害者の置かれている現状はもうおわかりかと思うんです。社会的入院という名がついた現代版の座敷牢問題は、一向に好転を見ません。物を言えぬ知的障害者、物を言いづらい知的障害者の入所施設の偏重政策は、これまた固定化の様相にあります。無認可作業所が六千カ所を超えているというのも、この国にしては似つかわしくない現象ではないでしょうか。難病や発達障害、こういった方々が正規の障害者に入れない、これも不思議な現象であります。

そうした中で、今般の障害者自立支援法案、私たちは大きな期待を持って見守ってまいりました。どんよりとした暗雲が垂れ込めている中で、ようやく薄日が差し込んできたな、そういう印象を持ちました。しかし、この法案の実相を見るにつれ、言いようのない不安感が次第に募ってまいったことも事実であります。期待感を抱きながら、今、むしろこの不安感は危機感に変化しようとしております。

私たちは、先週の5月の12日、今日ここの参考人に立った皆様方の協力も得まして、「障害者自立支援法」を考えるみんなのフォーラムを開催しました。日比谷公会堂野外音楽堂には、定員をあふれる六千人であふれました。何とか交通費を工面して、いても立ってもいられない、そういう思いで参加した人々がほとんどです。テレビ、新聞等でその様子はおわかりかと思います。大変切迫した意見がたくさん出されていました。

きょう、ここでその詳細を全部言うことは不可能です。しかし、私は、あえてこの日の意見や感想をまとめるならば、二つに凝縮されるように思うんです。

一つは、障害保健福祉関係の予算を飛躍的に拡充してほしい、予算のパイをふやしてほしい、これが一点。国際比較あるいは障害者のニーズに対してそもそも見積もりが誤っていたんではないか。

二点目は、現状の生活水準から後退してほしくはない。これ以上の切り詰めは、社会参加の機会を薄めるのと同じ意味であり、夢や希望を減らしなさい、これと同じ意味ではないかという感じを持ったわけです。

さて、私は、残りの時間を、我が国の障害者保健福祉施策のあるべき像に少し言及してみようと思います。

私はこの自立支援法に当初期待を持ったというお話をしましたけれども、もしかしたら、懸案事項、すなわち障害分野の基礎的で基幹的な政策課題がようやく検討に入るんだなという感じを持って見守っていました。確かに、与党、野党の先生方がおっしゃるとおり、たくさん前進面はあります。しかし、肝心な、重要な事項といいますよりは、決定的な事項が抜け落ちてはしないか、そういうことを言わざるを得ません。このことが、この審議を難しくし、また、審議がすっきりしない一因になっているのではないでしょうか。

私は、大きく四つのことをお話ししようと思います。

その第一点目は、所得保障、これを本格的にどう確立していくのかということであります。

今、障害者の多くは障害基礎年金二級が大半であります。しかし、この二級、月額6万6200円は、お手元の資料にもありますけれども、生活保護費よりもはるかに低い額であります。

私たち日本障害者協議会は、1998年にこの件で政策提言をしております。つまり、障害者の所得保障のあるべき像は、生活保護で言う生活扶助一類相当足す二類相当足す障害者加算、そして、もしほかで家を借りる場合には家賃費の補助をする、これが最低の所得保障の基本ラインだろう、こういうふうに提唱してきたわけであります。

なお、所得保障の推進に関しましては、政府も、２００２年度に策定しました障害者基本計画でその推進が触れられています。また、昨年この国会を通りました障害者基本法の改正案では、その第13条で、国及び地方自治体は障害者の自立と生活の安定に資するために年金、手当等に関した制度を必要に応じて講じなければいけない、こういうふうに明言しているわけであります。

この所得保障をどうするのかということは極めて大きい問題であります。今度の自立法案を見ていきますと、今最大の論点は応益負担、定率負担問題であります。私は、今の所得保障の状況では、恐らくこれを払うのは無理かと思っております。示された新しい料金、利用料は、これをもし払うならば、明らかに障害者の年金の目減り、これにつながっていくのではないでしょうか。すなわち、所得保障を議論している方向、これに逆行するのが今度の応益負担ではないかというふうに考えております。

第二点目は、障害定義、認定制度に関する問題です。

この問題がたくさん矛盾があることはもうおわかりでしょう。世界の趨勢は、社会生活モデルを軸としながら、既に環境因子をも考えております。しかし、我が国は、相変わらず医学モデル一辺倒、あるいはこれに近い状況が続いております。

今度の法案に期待しました。その第４条でどう書いてあるかと申しますと、旧態依然たる三つの法律の定義をただ並べただけという奇妙な格好がこの法には続いております。私たちは、これをやはり世界の趨勢に合わせていただきたいということを強く願っているわけであります。

そして、この定義問題というのは、単に定義にとどまらず、結局は、さっきも言いましたように、難病やあるいは発達障害は今度の自立支援法からも省かれるということになっています。我が国には既に障害者基本法の障害定義が、もう到達点としてあります。なぜこれを踏襲しなかったのか、大変深い疑問があります。ここが、障害者からしますと、受けられるサービスは障害定義とリンクしてきます。ぜひ認定のあり方、そして等級制度あるいは手帳制度をあわせて、この審議をここの中でしっかりとしていただきたいというふうに思います。

第三点目の問題点は、これは、障害者が社会参加を果たしていく上で社会資源が圧倒的に足りないという問題であります。

お手元の資料にも準備してありますけれども、例えば、グループホームあるいは通所型の施設が全くないという市町村が7割ぐらいあります。多少市町村合併で数は変わっていますけれども、しかし、絶対数が少ないことは変わってはいません。面積当たりも変わっていません。こういう7割に近い市町村で、グループホームがない、あるいは通所型の施設がないという状況が続いております。

福祉工場に至りましては、これもお手元の資料にもありますように、何と3％の市町村でしかありません。この福祉工場は所得保障とも連動する大変大事な社会資源です。そして、昭和47年に制度化されて32年間で、114カ所です。横ばい状況を脱していません。

今度の自立支援法では、市町村の責務を随分強くしました。大変高く評価しています。しかし、幾らいい判定をしても、あるいは幾ら支給決定のプロセスに手直しを加えても、この後の現実的な社会資源がなければ、このプロセスは何の意味もありません。したがって、この社会資源をどういうふうにふやしていくのか。

実は、去年の夏段階で、ある情報を大変うれしく聞いたことを記憶しています。それは、政府が、次年度の概算要求をつくる過程で、基盤整備に関する臨時措置法、これを特別立法でどうかということをちらりと述べました。メモに出ました。しかし、これはたちまち立ち消えになってしまったわけであります。その理由は、今度の法案で市町村の福祉計画を義務化する、こうなれば社会資源はふえるはずと言いました。しかし、これは甘いと思います。なぜならば、現在、既に障害者基本計画で市町村障害者計画というのがあります。この達成率が昨年3月で93％になりました。つまり、高い達成率にはなったけれども、社会資源の増量には連動はしていません。

こういう点で、私は、やはり立法府として、何らかの法的な根拠を持った社会資源をふやす、そういう方策を講ずるべきではないかということを思うわけです。

最後に、四点目になります。それは行政組織についてであります。具体的には、雇用の部署と福祉部署、これの連携を図るために、厚労省内のこの二つの部署を統合すべきであるというふうに思っております。

今回の法案は、就労支援で新しい方向を打ち出しています。しかし、掲げられた就労支援策は、あるいは地域の相談体制、調整体制は、ほとんど雇用と福祉の連携のないままにここでは書かれています。つまり、旧厚生省、旧労働省の統合効果は全くあらわれていないということであります。

私は、この自立支援法案ができる前に出されましたグランドデザイン、この政策デザインというのは、何を書くか以上に、だれが書くか、これが大きいと思うんです。そういう点では、今度の障害者自立支援法というのは、結果的には厚生省のみの政策になっているという点では、大変残念に思います。隗（かい）から始めよではありませんけれども、こういう重要改革期に、厚労省みずからが自分たちのあるべき行政体系を示すべきではなかったか。これに対しては、立法府もぜひ探求をしてほしいと思います。

障害といいますのは、環境との関係で重くもなれば軽くもなるというふうに言われています。私は、障害者にとって一番大きな環境は法律だと思っております。この自立支援法案が本当に近未来を規定する大きな社会環境になるのではと危惧をし、また、ぜひいい法律であってほしいと思っております。どうぞ、法案審議に際しまして、障害を受けたけれどもこの国に生まれてよかった、そう感じられますような、そういう審議をぜひとも切にお願いし、慎重審議を私はお願いしています。そして、私たちは信じています、この国の政治が私たちのことを忘れないということを、そして、あしたはきょうの続きではないということを。

御清聴ありがとうございました。（拍手）

②参考人意見陳述　第１８５回国会　参議院外交防衛委員会
障害者権利条約の国会承認に関して／藤井克徳　２０１３年11月28日

私は、日本障害フォーラム、ＪＤＦの立場を代表して発言させていただきます。

ＪＤＦの紹介はお手元の資料にございますので割愛させていただきます。なお、その資料集の中にＪＤＦとこの権利条約との関係についても資料が入ってございます。御覧ください。

今、この障害者の権利条約の批准が近いという中で、私は二つのシーンが思い起こされます。

一つは、国連でのこの権利条約の審議の特別委員会の最終日の光景であります。２００６年8月25日、この日は金曜日でした。時計の針は午後、20時をちょっと回る前だったんですけれども、このときに、全会一致で特別委員会としての採択がなされました。その瞬間、大きな歓喜の声、そして足踏み、口笛、これが議場全体を埋め尽くしました。私は目が見えませんものですから、この議場の揺れ動く空気、これを感じておりました。恐らく、そこに居合わせた者の全てが新しい時代の到来を予感したと思います。

もう一つのシーンというのは、これは２００９年の3月5日の緊迫した一日でした。翌日の閣議決定を目前にして、権利条約の締結の承認を求める案件、これをめぐって大きな変化がありました。結果的には、与党の勇断をもって、政府の勇断をもって閣議の案件から外されました。今にして思えば、あの後の障害者政策の推移をずっと見ていきますと、やはりあの判断は誤っていなかったというふうに思います。この場を借りて、当時の関係者の勇断に感謝を申し上げます。

さて、私はここでＪＤＦを代表しまして改めて申し上げます。それは、今国会において、この権利条約の批准を何としても実現してほしいということを申し上げます。

無論、今までもありましたように、現行の国内法制が全て条約の水準を達したとは思えません。また、公定訳、この翻訳に関しても問題があるというふうに思っております。むしろ、まだまだ課題がいっぱいあるというふうに考えていいと思います。

しかし、制度改革のこの間の経緯の中で、私たちは懸命にこの条約とのギャップをうめてまいりました。そして、むしろこの段階では、条約に法的な効力を持たせていく、あるいは政治的な効力を持たせていく、このことがこの国の障害者政策の発展には近道であるという判断に立ちました。そういう点でいうと、要件を完全に満たしたという意味ではなくて、むしろ期待を込めてこの批准を促進してほしい、これが私たちの、あるいは全国の障害関係者の偽らざる心境だと思います。

本論に入りますけれども、私は私なりにこの条約の総括的な観点を述べたいと思います。時間の制約もありますので、二つに絞ってこのすばらしい面を述べたいと思います。

一つは制定過程におけるすばらしさです。

先ほどもありましたように、ナッシング・アバウト・アス・ウイズアウト・アス、私たち抜きに私たちのことを決めないで、このことを国連の議場で実践したわけです。本来、条約の制定というのは政府間交渉でありますので民間が入る余地はないと思いますけれども、国連の特別委員会は、権利条約の主人公である障害当事者の代表を発言に招いてくれました。この国連の議場にしみ入るようなナッシング・アバウト・アス・ウイズアウト・アス、これは私たち日本の２００人を超える傍聴団、派遣団の耳に響き、これは本物だという実感をだんだん深めてまいりました。

もう一つ、これは内容面のすばらしさです。

先ほども尾上参考人からもありましたけれども、他の者との平等を基礎として、このフレーズがしきりに繰り返されます。私の計算では34回繰り返されています。そして同時に、このフレーズはこの条約の全体に通底している心棒のようなものだと考えております。この条約には、障害者に特別の権利あるいは新しい権利ということは一言も触れていません。専ら繰り返しているのが一般市民との平等性であります。このフレーズこそがこの条約の生命線であろうと、私たち障害当事者からしても我が意を得たりの思いを強くし、この上ない共感を覚えます。

この他の者との平等を基礎としてということから見て、我が国の実態を少し考えてみたいと思います。つまり、一般市民とまだまだ格差がある実態について、四点ばかりかいつまんで紹介させていただきます。

第一点目は、あの東日本大震災において、障害者の死亡率が全住民の死亡率の2倍に及んだことであります。あれほどの震災であり、ある程度の被害はやむを得ないでしょう。しかし、2倍というのは余計な数値であります。天災という要因の上に障害での不利益をもう一枚重ねたこの障害ゆえの不利益を、私たちは天災とは区別して人災と呼びたいのです。東海、東南海トラフの中で新しい震災が心配されています。また、異常な大規模台風によって風水害も現実味を帯びつつあります。まず政府はこの2倍という数の検証を進めていただき、条約の発効後、この2倍の不利益がないようにしていくということを求めていきたいと思います。

二つ目の問題現象、一般の市民とは違う問題現象を紹介します。それは、障害者の所得が異常に低いということです。一つの実態調査を基にして説明させていただきます。

調査主体はきょうされんであります。全国社会就労センター協議会の協力等を得まして、福祉的就労に従事している者1万人余のデータを集約しました。これによりますと、障害基礎年金、そして作業所の工賃、また親の仕送り、小遣い等を合わせて、全ての年収がこの国の相対的貧困線、112万以下という年収ですね、これを割っている者が85％に上ります。国民全体の貧困率は16％、これから見ると余りにも低いと言わざるを得ません。

と同時に、もう一つ深刻なのは、こういう異常な低収入の中で、結局は家族依存、あるいは家族負担で地域生活が維持されている。20代で90％が家族同居、30代で77％が家族同居、40代で63％が家族同居、50代にして、もう親も超高齢です、なお36％が家族同居という状況にあります。これは、先ほど川島参考人が言っていました第19条の内容と、恐らくこれに抵触すると思います。

三つ目の問題現象は、社会的入院、社会的入所の問題であります。

今日は、社会的入院、精神障害者の、これに焦点を当てようと思います。この社会的入院の要因の一つである在院日数、これが非常に長い。お手元の資料でいいますと、お手元の資料の9ページに書かれています。一番新しい厚労省の病院報告の調査によりますと、精神科の平均在院日数は283・7日、これに対して一般病床、一般病院の一般科の平均在院日数は16・7日、これを見ても異常に長いことがお分かりかと思います。あのナイチンゲールがかつて言いました、致命的な病気の大多数は病院でつくられると、まさにそういう感じを受けるわけであります。

さらに、この社会的入院の大きな温床の一つは、やはり病床数が多いということであります。お手元の資料にも、これは8ページになりますけれども、このようにして異常に多い病床数がほぼ横ばいでこの間何十年も変わっていないということであります。これらも第19条に抵触するのではないでしょうか。

さらに四つ目には、一般の市民との格差だけじゃなくて障害種別間の格差が、あるいは障害の中での格差があるということであります。これは谷間の障害と言われている問題。高次脳機能障害、発達障害、難病等については、まだ完全には障害者施策には包含されてはいません。難病につきましては、特に医療面では一部障害者施策に入ったとはいっても、また別なコースを歩まざるを得ない状況が近づきつつあります。

また、お手元の資料の最後のページ、10ページになりますけれども、同じ障害者でも、一般雇用と福祉的就労では20倍もの工賃、賃金の差があります。さらに、ＪＲ運賃等の交通費等の割引制度は、精神障害者等は置き去りにされております。

こうして、障害の種別やあるいは程度別、男女別の格差がありましたけれども、昨今では年齢による格差がまた顕在化しつつあります。とりわけ18歳以下の障害児に対しては不十分な面が多いと言われていましたけれども、加えて、65歳を超える障害者の問題が深刻化しつつあります。65歳を超えますと、障害者政策が消える、高齢者政策に言わば併合させられる、こういう問題も起こってきています。

以上、こうして述べてきたように、様々な障害者をめぐる問題がございますけれども、こういった問題に対して、近々批准される、あるいは発効後の権利条約がこれにいかに効果的にこたえられるか、これは大きな期待を集めております。

最後に、この条約の発効後、速やかに取り組むべきテーマを三つばかり述べさせていただきます。

一つは、第31条ですね、条約の。ここには何があるかといいますと、統計、そして資料の収集。この国の障害分野の資料は極端に貧困な状況に置かれています。少なくとも一般市民の生活水準との比較、また、日本と同じような力を持っている、経済力を持っている国の障害者政策との比較、さらには過去との経時的な比較、そして何より障害当事者のニーズとの比較、これらが可能になるような調査あるいはデータの集積を求めていきたいと思います。

さらに、この国には統計法という法律があります。残念ながら、この統計法に基づく正規の調査は一度も障害分野は行われてはいません。是非、統計法にのっとった正規の調査をこれも行う必要があるのではないでしょうか。

二つ目は、先ほど尾上参考人が言っていましたように、第33条、これは条約の実施及び監視であります。この中で、とりわけ条約履行後の実施の促進、保護、監視、一体これはこの国のどの行政部署が担うんでしょうか。当面は障害者政策委員会、障害者基本法にのっとっています、これの改正を含めて、ここを強化していくことを希望いたします。と同時に、内閣における障害担当部署の予算面と人員面の裏打ちを含めた体制強化を希望いたします。

三点目、これは条約第34条の障害者権利委員会について、国連の権利委員会に日本の代表を送ることです。しかし、これについては選挙でございますので、これは結果は分かりません。しかし、日本の政府と民間を挙げて、また立法府のお力も得ながら、是非とも立候補の条件を早期に整えていく必要があろうかと思います。

締めくくりに当たりまして一言申し上げます。

それは、この条約の批准を見ることなく先立たれた多くの関係者への謝意であります。今日のこの日を恐らく非常に喜んでいるのではないか、批准の日を楽しみにしているのではないかと、こんなことを申し加えておきます。

条約の批准が成った暁には、恐らくこの国は新しいステージに入ると思います。私ども民間の方も、これまでにも増してやはり社会から信頼される存在と活動を続けていこう、そういう決意でおります。その上で、立法府に対して、そしてこの際、政府や司法府に対してもお願いがございます。それは、権利条約に恥をかかせないでほしいと思います。障害者権利条約に恥をかかせないで、このことを訴えて発言を終わります。

どうもありがとうございました。

③国連第7回障害者権利条約締約国会議　我が国発言骨子
吉川国連大使ステートメント　２０１４年６月10日

障害者権利条約締約国会議において、初めて締約国として発言することを光栄に思う。

今次会議には、2名の日本の市民社会からの代表が政府代表団に加わり、本日この場に出席している。お一人は、13の日本の障害者団体から構成される日本障害フォーラムの藤井克徳氏。もう一人は、我が国の障害者基本計画の政策や実施状況について政府に提言する障害者政策委員会の前委員長である石川准氏。

1月20日に批准書を寄託したことは喜びであり、これにより日本はこの条約を締結した。本日、締約国として初めてのステートメントにおいて、私は3つの点を発信したい。市民社会の役割、国際協力の重要性、障害と災害である。


（市民社会の役割）


障害者権利条約が国連加盟国のみならず市民社会の参加も得て作られたこと、条約の実施が市民社会と共に進められていることを思い起こしたい。日本の市民社会も、国連の交渉に参加し、また国内の条約の実施にも取り組んでいる。

この条約を締結し、最大限実施するために、我が国は関連国内法を改正し、国・地方公共団体・民間事業者に、障害に基づく差別に対する具体的な行動をとることを法的に要求する新たな法律を策定した。

我が国は、教育や雇用等の特定の政策分野において、条約実施のための意見交換を市民社会と共に引き続き行っていく。

多様な障害をもつ人々が一緒に議論する必要があり、それがインクルーシブな社会を促進する。本日、我が国が、日本障害フォーラムやポーランドと共に開催したサイドイベントでも、多様な障害をもつ人々が特定の分野について議論するという点が主要な論点であった。

（国際協力の重要性）

２点目は，国際協力の重要性である。世界の人口のおよそ15％、およそ10億人が障害者であり、その80％が途上国で暮らしている。日本はこれらの途上国に対する国際協力において、人材育成、技能訓練、意識啓発など、地域に根ざしたリハビリテーションという広い分野に重点的に取り組んできた。

１つの例として、タイのバンコクに設立された「アジア太平洋障害者センター」を挙げたい。２００２年に我が国が同センターへの支援を開始して以来、アジア太平洋地域の30ヵ国以上の国から１６００名以上（その半数以上が障害者）が研修を受け、研修後、彼らの多くは自身のイニシアティブを展開した。

例えば、知的障害者自身が知的障害者の問題やその解決策を議論するワークショップを開催し、このような活動により、後にタイの知的障害者による初めての知的障害本人のグループが立ち上がった。この後、同グループの活動はミャンマーやカンボジアに広まった。

（障害と災害）

３点目は、障害と防災である。災害における障害者のニーズに応えることは重要である。特に、障害者は災害に対して脆弱である。自然災害による障害者の死亡率は、被災地全体の死亡率に比してはるかに高いことが知られている。これは、２０１１年３月の東日本大震災にも当てはまる。

我が国は、東日本大震災後、災害対策基本法を改正した。その中では、障害者を含め避難に支援を要する人々の名簿を作成することを義務づけている。

明日、国連経済社会局（ＤＥＳＡ）と我が国や市民社会は、障害の視点から防災を考えるイベント・ＤＥＳＡフォーラムを共催するので、お越しいただきたい。

（最後に）

我が国は、この締約国会議を重視しており、他の国連加盟国及び市民社会と協力していくことを誓う。我が国は、国際協力、また障害者権利委員会に将来参加することを通じて、積極的にこの条約に貢献していく考えである。

④国連第７回障害者権利条約締約国会議　ラウンドテーブル　２０１４年６月１１日
藤井克徳　ＪＤＦ幹事会議長発言要旨

ラウンドテーブル１　ポスト２０１５年開発アジェンダへの障害者権利条約条項の組み入れ（6月11日（水）10:00-13:00）
Round Table 1. Incorporating the provisions of CRPD in the post-2015 development agenda

議長、私は、日本政府代表団の一員として、日本障害フォーラムの一員として発言できることを光栄に思います。

日本における東日本大震災の経験をもとに述べてみたい。自然災害としての大震災は、誰にも等しく訪れたにも関わらず、この大震災では障害者の死亡率が、住民全体のそれと比べてはるかに高いことが報告されている。はるかに高い死亡率は、天災だけでは論じ得ず、そこには人災の要素が、すなわち障害者に対する防災政策の不備等が重なったと考えられる。

大災害等の極限状況は、その社会の実相を浮き彫りにするとされ、今般の大震災は社会のあり方を厳しく問うたと言える。「障害」の視点から防災政策の見直しを図ることは言うに及ばず、まちの構造や社会の仕組み全体の転換が求められる。その際の指南として、インクルーシブ社会の志向を基調とする障害者権利条約が有効であることは論を争うまい。加えて、新たな防災政策の検討、新たな政策に基づく実施や検証等のあらゆるプロセスに障害者が実質的に参画することの重要性を確認しておきたい。

国連のポスト２０１５年開発目標が障害者権利条約に立脚して策定されることは間違いなかろうが、合わせて大震災の教訓を新たな開発目標の基調に据えてほしい。パネリスト各位の意見をうかがいたい。

※ディスカッションの中で、パネリストのハンガリー大使と太平洋フォーラム／ＩＤＡの代表より、本発言を支持する旨の

発言があった。

⑤障害者自立支援法違憲訴訟原告団・弁護団と国（厚生労働省）との基本合意文書　2010年1月7日

障害者自立支援法違憲訴訟の原告ら71名は、国（厚生労働省）による話し合い解決の呼びかけに応じ、これまで協議を重ねてきたが、今般、本訴訟を提起した目的・意義に照らし、国（厚生労働省）がその趣旨を理解し、今後の障害福祉施策を、障害のある当事者が社会の対等な一員として安心して暮らすことのできるものとするために最善を尽くすことを約束したため、次のとおり、国（厚生労働省）と本基本合意に至ったものである。

一　**障害者自立支援法廃止の確約と新法の制定**

国（厚生労働省）は、速やかに応益負担（定率負担）制度を廃止し、遅くとも平成25年8月までに、障害者自立支援法を廃止し新たな総合的な福祉法制を実施する。そこにおいては、障害福祉施策の充実は、憲法等に基づく障害者の基本的人権の行使を支援するものであることを基本とする。

二　**障害者自立支援法制定の総括と反省**

1　国（厚生労働省）は、憲法第13条、第14条、第25条、ノーマライゼーションの理念等に基づき、違憲訴訟を提訴した原告らの思いに共感し、これを真摯に受け止める。

2　国（厚生労働省）は、障害者自立支援法を、立法過程において十分な実態調査の実施や、障害者の意見を十分に踏まえることなく、拙速に制度を施行するとともに、応益負担（定率負担）の導入等を行ったことにより、障害者、家族、関係者に対する多大な混乱と生活への悪影響を招き、障害者の人間としての尊厳を深く傷つけたことに対し、原告らをはじめとする障害者及びその家族に心から反省の意を表明するとともに、この反省を踏まえ、今後の施策の立案・実施に当たる。

３　今後の新たな障害者制度全般の改革のため、障害者を中心とした「障がい者制度改革推進本部」を速やかに設置し、そこにおいて新たな総合的福祉制度を策定することとしたことを、原告らは評価するとともに、新たな総合的福祉制度を制定するに当たって、国（厚生労働省）は、今後推進本部において、上記の反省に立ち、原告団・弁護団提出の本日付要望書を考慮の上、障害者の参画の下に十分な議論を行う。

三　新法制定に当たっての論点

原告団・弁護団からは、利用者負担のあり方等に関して、以下の指摘がされた。

①　支援費制度の時点及び現在の障害者自立支援法の軽減措置が講じられた時点の負担額を上回らないこと。

②　少なくとも市町村民税非課税世帯には利用者負担をさせないこと。

③　収入認定は、配偶者を含む家族の収入を除外し、障害児者本人だけで認定すること。

④　介護保険優先原則（障害者自立支援法第７条）を廃止し、障害の特性を配慮した選択制等の導入をはかること。

⑤　実費負担については、厚生労働省実施の「障害者自立支援法の施行前後における利用者の負担等に係る実態調査結果について」（平成21年11月26日公表）の結果を踏まえ、早急に見直すこと。

⑥　どんなに重い障害を持っていても障害者が安心して暮らせる支給量を保障し、個々の支援の必要性に即した決定がなされるように、支給決定の過程に障害者が参画する協議の場を設置するなど、その意向が十分に反映される制度とすること。

そのために国庫負担基準制度、障害程度区分制度の廃止を含めた抜本的な検討を行うこと。

国（厚生労働省）は、「障がい者制度改革推進本部」の下に設置された「障がい者制度改革推進会議」や「部会」における新たな福祉制度の構築に当たっては、現行の介護保険制度との統合を前提とはせず、上記に示した本訴訟における原告らから指摘された障害者自立支援法の問題点を踏まえ、次の事項について、障害者の現在の生活実態やニーズなどに十分配慮した上で、権利条約の批准に向けた障害者の権利に関する議論や、「障害者自立支援法の施行前後における利用者の負担等に係る実態調査結果について」（平成21年11月26日公表）の結果も考慮し、しっかり検討を行い、対応していく。

① 利用者負担のあり方
② 支給決定のあり方
③ 報酬支払い方式
④ 制度の谷間のない「障害」の範囲
⑤ 権利条約批准の実現のための国内法整備と同権利条約批准
⑥ 障害関係予算の国際水準に見合う額への増額

四　利用者負担における当面の措置

国（厚生労働省）は、障害者自立支援法廃止までの間、応益負担（定率負担）制度の速やかな廃止のため、平成22年4月から、低所得（市町村民税非課税）の障害者及び障害児の保護者につき、障害者自立支援法及び児童福祉法による障害福祉サービス及び補装具に係る利用者負担を無料とする措置を講じる。

なお、自立支援医療に係る利用者負担の措置については、当面の重要な課題とする。

五　履行確保のための検証

以上の基本合意につき、今後の適正な履行状況等の確認のため、原告団・弁護団と国（厚生労働省）との定期協議を実施する。

おわりに

本書の特徴を一言で言い表すとどうなるでしょう。格好よく言えばやわらかい専門書であり、見方によっては歯応えのある入門書と言っていいかもしれません。いずれもまちがいではないように思います。ただ、筆者の願望を込めての偽らざる気持ちとしては、「格別のきっかけ書」であってほしいのです。「きっかけとは何ですか」の質問が飛んできそうです。大きく三点で答えたいと思います。

第一は、つながりのきっかけになってほしいのです。新たなつながりをつくることはもちろんですが、かつてのつながりを復活させるのもいいのではないでしょうか。人と人との踏み込んだ関係や交流は、漫然とは得られません。その点で書物の媒介力はなかなかです。とくに本書の場合は、障害分野に特化した上で、いくつもの切り口が準備されています。障害分野への関心というベースがあれば、何らかの共通テーマが見出せるはずです。

読み合わせなどで時間を共有できるようになれば、つながりの質はたしかな段階に入っていくのではないでしょうか。地域や職場での仲間づくりに、そしてサークルづくりのきっかけに役立ててください。

第二は、障害分野に向き合う上での手がかりの一つにしてほしいのです。とくに学生や次世代を担う若手に一読を勧めます。先ほども触れたように、本書は障害分野に横たわるさまざまなテーマから成っています。いずれのテーマにしろ一歩足を踏み込むならば、その先のより的確な情報や専門書が視野に入ってくるに違いありません。入り口としては手頃です。学生や若手と言いましたが、ベテランにも読んでほしいです。忘れかけていた初心のよみがえりやベテランならではの新たな発見のきっかけになってくれるはずです。

第三は、あらためて運動の感覚や観点を磨くきっかけにしてほしいのです。このテーマは、本書の特定の部分ではなく、全体から得てほしいと思います。一度と言わずに、二度、三度と読み返しているうちに、「運動とは」「運動の必要性」の輪郭がみえてくるのではないでしょうか。

なお、本書には詩が4点載っています。作品としての出来栄えは別として、万感を込め編みました。心を汲み取ってもらえれば幸いです。また、巻末には「ターニングポイント発言録」として、国会での参考人意見書が2点、日本政府の初参加となった障害者権利条約締約国会議での発言録を付してあります。いずれも筆者が関わったものの抽出です。障害分野のターニングポイントと関連付けながら目を通してほしいと思います。

筆者が代表を務める日本障害者協議会（ＪＤ）は、国際障害者年日本推進協議会（ＩＹＤＰＪＣ）として１９８０年に設立し、「完全参加と平等」や「ノーマライゼーション」の理念の具体化をめざしてきました。１９９３年にＪＤと改称したあとも、政策提言や調査研究を中心に「行動するＪＤ」を標榜しています。加盟する62団体（２０１７年5月現在）は、障害の種別や専門分野を越え、「谷間の障害」を含む障害当事者、家族、専門職、関連団体・機関など多彩な顔ぶれが集っています。大切にしてきたことは、もっとも困難な状況にある人たちの声を中心に据えて、みんなで主張し行動することでした。この考え方は今も変わりません。現在とりくまれている国連への締約国報告関連のパラレルレポートづくりも障害者の置かれている実態を明らかにして制度改善につなげることが目的です。障害当事者自身による日本初の集団訴訟となった障害者自立支援法違憲訴訟を支える上でも、積極的な役割を果たしてきました。まさに「運動は裏切らない」を実践し、そして実感してきたと言っていいのではないでしょうか。

最後に、本書の礎となった「みんなのねがい」の連載中にお世話になった編集部の黒川真友さん、そして一つの書物に仕上げてくれた全国障害者問題研究会副委員長の薗部英夫さんに、心から謝意を表します。

藤井　克徳

２０１７年8月6日

藤井 克徳（ふじい　かつのり）

日本障害者協議会（JD）代表、日本障害フォーラム（JDF）副代表、きょうされん専務理事

1949年福井県生まれ。1970年青森県立盲学校卒業後、東京都立小平養護学校（現小平特別支援学校）勤務、1982年教諭職退職。教職中に、日本初の精神障害者のための共同作業所「あさやけ第二作業所」や「共同作業所全国連絡会（現きょうされん）」の活動に参加。2010年から2014年にかけて内閣府障がい者制度改革推進会議議長代理や内閣府障害者政策委員会委員長代理などを務める。2012年国連ESCAPチャンピオン（障害者の権利擁護推進）賞受賞。2014年国連障害者権利条約第7回締約国会議日本政府代表団顧問。

主な著書『見えないけれど　観えるもの』やどかり出版、『えほん障害者権利条約』汐文社、『私たち抜きに私たちのことを決めないで』日本障害者協議会、編著『生きたかった』大月書店など多数

本書をお買い上げいただいた方で、視覚障害等により活字を読むことが困難な方のために、テキストデータを準備しています。ご希望の方は、全国障害者問題研究会出版部まで、お問い合わせください。

障害者をしめ出す社会は弱くもろい

2017年8月15日　初版　第1刷発行
2017年8月15日　　　　第2刷発行

著　者－藤井克徳
発行所－全国障害者問題研究会出版部
〒169-0051　東京都新宿区西早稲田2-15-10 西早稲田関口ビル4F
TEL.03-5285-2601　FAX.03-5285-2603　www.nginet.or.jp
印刷所－マルコー企画印刷

ISBN978-4-88134-595-5